「같은 시간」에 「같은 내용」을 듣고 「같은 방식」으로 다 함께 배우는 교육이 아닌
자신만의 방식으로 시간과 공간을 뛰어넘어 학생들이 가지고 있는
다양한 흥미와 필요를 고려한 교육으로 패러다임이 변화하고 있다.

교육이 한 인간을 양성하기 시작할 때의 방향이
훗날 그의 삶을 결정할 것이다.

_ 플라톤

미래사회를 살아가게 될 세대는 그에 맞는 적합한 능력을 길러야 한다.
변화의 모습을 잘 따라가기 위해서는 교육,
즉 학습하는 방법에 대한 반성도 필요할 것이다.

미래는 앞으로 나아가는 이에게 보상을 준다.

_ 버락 오바마

에릭 슈미트Eric Schmidt 전 구글 회장은 더 이상 학생이 교육에 맞추기보다는,
교육이 학생의 학습 스타일과 속도에 맞춰 보다 학생들이
유연한 경험을 할 수 있도록 패러다임이 변할 것으로 보고 있다.

저는 미래가 어떻게 전개될지는 모르지만,
누가 그 미래를 결정하는지는 압니다.

_ 오프라 윈프리

디지털 노마드 세대를 위한
미래교육 미래학교

디지털 노마드 세대를 위한

미래교육 미래학교

펴낸날 2019년 4월 10일 1판 1쇄
         2020년 3월 10일 1판 2쇄

지은이 박희진, 신건철, 최선경, 오우진, 정동완
펴낸이 김영선
교정·교열 이교숙
경영지원 최은정
디자인 김규림
마케팅 신용천

펴낸곳 (주)다빈치하우스-미디어숲
주소 경기도 고양시 일산서구 고양대로632번길 60, 207호
전화 (02) 323-7234
팩스 (02) 323-0253
홈페이지 www.mfbook.co.kr
이메일 dhhard@naver.com (원고투고)
출판등록번호 제 2-2767호

값 15,800원
ISBN 979-11-5874-047-4

이 도서의 국립중앙도서관 출판예정도서목록(CIP)은 서지정보유통지원시스템 홈페이지(http://seoji.nl.go.kr)와
국가자료공동목록시스템(http://www.nl.go.kr/kolisnet)에서 이용하실 수 있습니다.(CIP제어번호: CIP2019006864)

디지털 노마드 세대를 위한

미래교육 미래학교

박희진, 신건철, 최선경, 오우진, 정동완

미디어숲

추천사

　요즘 아이들은 더 이상 학교에서 모든 것을 배우지 않습니다. 미래의 학교가 어떻게 변할지 예상하기 쉽지는 않지만, 교육 방식은 아마도 온라인 교육이 주된 교육방법이 될 것입니다. 이 책의 저자들은 미래의 교육방향을 예측하고, 미래의 교육방법에 대한 실마리를 제공하고 있습니다. 이 책을 통해 학생들이 미래사회를 살아가는데 도움이 될 것으로 생각됩니다.

정재철. 전라남도무안교육지원청 교육장

　학교의 기능과 역할은 수시로 변화를 거듭해 오고 있으나, 오늘날의 학교 교육에 대한 관점은 그 어느 때보다 획기적으로 변화하고 있는 것이 사실이다. 학교 교육의 변화에 관하여 저자들은 교육에 대한 깊은 고민과 성찰을 통해 미래교육의 새로운 방향성을 제시하고 있다. 이 책은 그동안 교육현장에서 오랫동안 몸담아 오면서 선도적으로 변화와 개선을 이끌어오던 저자들의 통찰을 고스란히 담아내고 있는 길잡이로서 충분한 가능성을 보여주고 있다. 현직교사는 물론 교육에 대한 관심이 있는 모든 사람에게 교육이 앞으로 나아가야 할 방향에 대한 많은 시사점을 줄 수 있을 것이다.

김장규. 한국교원대학교 종합교육연수원 교육연구사

　전통적인 교육은 교실이라는 한정된 공간에서 이루어지는 학교 교육을 의미하였다. 하지만 급격한 변화를 거듭하고 있는 현대사회에서의 가르침과 배움은 삶의 곳곳에서 이루어지고 있음을 부인할 수 없다. 시간과 공간을 초월하여 학습할 수 있는 방법이 매우 다양해졌다. 하지만 이러한 방법을 알지 못하는 학습자들이 매우 많으며 자신에게 맞는 효율적인 학습법을 찾지 못하여 힘들어하기도 한다. 이 책은 이러한 학습자들에게 훌륭한 안내자의 역할을 충분히 할 것으로 보인다.

권혁기. 서울중현초등학교 교감

학생들이 스스로 학습에 흥미를 갖고 참여하는 것, 자신의 숨은 끼와 재능을 찾아 진로를 개척해 나가는 것은 미래교육이 나아가야 할 길입니다. 그러나 갈수록 심해지는 교육의 빈부격차 속에서 'SKY 캐슬'이란 드라마는 학생들이 겪고, 느끼고 있는 현실을 잘 드러내주고 있습니다. 이 책을 읽으며 우리 친구들 각각에게 필요한 개인 코디네이터를 찾은 듯합니다. 개개인에게 필요한 진로 정보를 찾는 방법의 학습, 스스로 배움을 이끌어 나가는 방법의 학습. 미래시대에 무엇을 가르치느냐가 아닌 어떻게 할 수 있게 만들 것인가에 초점을 맞춘 안내서라는 생각을 해봅니다.

김정미. 한국교원단체총연합회 부회장, 매안초 교사

미래사회가 어떻게 변할지 정확히 예측할 수는 없습니다. 그럼에도 불구하고 교육은 미래에도 여전히 중요한 문제일 것입니다. 이 책은 미래를 살아가는 학생들에게 어떻게 미래사회를 대비해야 하며, 미래사회에 잘 살기 위한 준비를 시켜주는 책이라 생각이 됩니다.

오진연. 쿨메신저 대표

디지털 노마드 세대로서 디지털 기기를 활용하여 정보를 생산하고 다루는 능력이 있는 세대들을 이해하기 위하여 학부모들이 꼭 한번 읽어봐야 할 가장 중요한 지침서 중 하나라고 생각합니다. 학교 교실에서 이루어지는 미래교육과 관련 해외 무료 온라인 서비스, 유명 온라인 대학교 등을 큰 그림과 예제, 팁으로 보다 쉽고 재미있게 그리고 한눈에 알 수 있도록 잘 만들어졌습니다. 이 책을 통해 미래교육과 미래학교를 이해하시는 데 도움이 되리라 생각합니다.

조성훈. 에듀클라우드 대표

15년 전만 해도 길거리에서 카세트테이프를 판매하던 가판이 있었고, 레코드 삽에서 CD나 레코드를 구매하는 일은 흔한 일이었으나 지금은 흔적도 없이 사라져버렸다. 미디어의 변화는 시작시점은 더디지만, 일단 가속도가 붙으면 하루아침에 전혀 다른 전달 방식의 변화로 우리를 이끌어왔다. 이 책은 국내외의 교육 사례를 수집하고, 토론하며 학생들을 위한 수업 연구를 해온 저자들이 개별화 수업, 거꾸로 수업, 어댑티브 러닝, 융합 교육, 공간을 초월한 교실 등 그동안 잘 접할 수 없었던 이상적인 미래 교실의 변화를 보여주고 있다. 평소 바람직한 미래 교육의 모습과 우리가 무엇을 준비해야 하는지 고민하고 계신 분들에게 강력히 권하고 싶다.

전성훈. 러너스마인드 부대표

AI 시대와 4차 산업혁명 시대에 불확실한 미래를 예측하기는 어려운 일이지만, 교육에 있어서 '어떻게 하면 미래사회를 대비할 수 있을까'라는 것은 중요한 문제다. 앞으로는 있지도 않은 신직업을 가져야 하는 혁신적 생활을 해나가야 하기 때문이다. 이 책의 저자들은 소프트웨어교육, 유튜브 크리에이터, 칸 아카데미, 테드 등 미래교육에 대해 많은 자료를 바탕으로 알기 쉽게 설명해 놓았다. 또한 기존에 출간된 다른 책들과는 달리 이론만 제시하는 것이 아니라 곧바로 실천할 수 있으며 학습에 적용할 수 있다는 부분이 이 책의 강점이라 할 수 있다.

이수철. 대전 신일여고 교사

들어가는 말

미래의 학교는 어떤 모습으로 변할까요?

현재의 학교는 곧 사라질 수 있습니다. 이미 학교 교육으로 평생을 살아가는 시대는 지났고, 대학에서 배운 지식만으로 직장생활을 하기가 쉽지 않습니다. 미래사회에 학교에서 일어날 변화는 매우 클 것입니다. 극단적으로 학교가 사라질 것이라 예측하는 미래학자들도 있습니다.

세계의 교육 흐름은 유일한 지식의 습득 장소인 학교라는 물리적 환경에 국한되어 「같은 시간」에 「같은 내용」을 듣고 「같은 방식」으로 다 함께 배우는 교육이 아닌 자신만의 방식으로 시간과 공간을 뛰어넘어 학생들이 가지고 있는 다양한 흥미와 필요를 고려한 교육으로 패러다임이 변화하고 있습니다.

요즘 아이들은 더 이상 모르는 것을 학교에서 배우거나 책을 통해서 배우지 않습니다. 즉 온라인 교육을 통해 학생 스스로 자신이 원하는 것을 충분히 배울 수 있는 시대가 되었습니다. 이 책은 온라인 교육을 통한 4차 산업혁명 시대에 다양한 변화에 맞춰 태어날 때부터 스마트폰을 가지고 태어난다는 디지털 노마드Digital Nomad 세대를 위한 교육방법입니다.

이미 교육에 관심이 많아 앞서나가는 학생들은 세계적으로 유명한 석학의 강의를 듣거나, 본인의 흥미와 필요에 맞는 정보를 온라인 교육을 통해 얻고 있습니다. 「칸 아카데미(한국판, 미국판). 테드(테드에드). 무크. 소프트웨어 중심 교육(소프트웨어야 놀자, 엔트리, 코드닷오알지Code.org, 스크래치), 교육과정 연계교육(교실온닷, EBS Math, e-학습터, 늘배움)」은 콘텐츠 기반 온라인 교육으로서, 학습자 스스로 자신만의 방식으로 시간과 공간을 뛰어넘어 학습할 수 있게 하는 미래의 교육방법이라고 할 수 있습니다.

본 책의 저자들은 모두 초·중·고등학교, 대학에서 근무하며, 현장경험과 교육심리, 교육방법, 진로·진학을 연구하고 있는 교육 전문가들입니다. 저자들은 「디지털 노마드세대를 위한 미래교육 미래학교」를 통해 4차 산업 혁명 시대에 다양한 변화에 맞춰 미래를 주도해 나갈 아이들의 "메타학습 역량(자기주도 학습역량)"을 키울 수 있도록 끊임없이 고민하였습니다. 따라서 크게 두 가지에 초점을 두었습니다.

첫째, 학교에서 배우기 힘든 새로운 것을 학습하고자 하는 학생들을 위한 새로운 교육 코디네이터의 역할을 하고자 합니다. 이는 진로·진학에서 아주 중요한 자기주도적 활동을 통한 발전 가능성을 의미합니다. 그리고 영재원 입학, 특목중·고의 자기주도 학습전형의 차별적인 학습방법 및 접근 방법을 제시하고자 합니다. 대학입시에 학생부종합전형의 학업역량과 전공적합도 활동 또한 소개하고자 합니다. 학생들은 각자 자신만의 개성을 가지며 각자 관심 있는 분야가 다양합니다. 또한 이러한 관심 분야의 탐구를 통해 자신의 진로를 개척합니다.

하지만 이러한 학생들의 관심에 대한 정보는 학교에서 받는 교육만으로는 충분하지 않습니다. 따라서 본 책에서는 학생들에게 자신이 관심 있는 정보를 어디서 어떻게 찾을 수 있는지에 대한 자료를 제시하고자 합니다. 또한 자신의 진로 및 관심 분야를 아직 찾지 못한 학생들에게는 다양한 정보를 제공하여 자신의 진로를 인식하고 관심 분야를 찾을 수 있도록 나침반의 역할을 하고자 합니다.

둘째, 다양한 원인으로 학교 공부에서 학습 부진을 겪고 있는 학생들을 위해 친절한 교육 퍼실리테이터가 되고자 합니다. 학교 공부에서 학습 부진을 겪는 학생들은 크게 두 가지 유형으로 나눠집니다. 공부를 하고는 싶으나 학습결손이 누적이 되어 어디서부터 공부를 해야 하는지 모르는 학생과 학교 공부 자체에 재미를 느끼지 못하는 학생, 즉 학습의 내용과 방법이 학생의 흥미와 필요를 채워주지 못하는 학생으로 나누어집니다. 본 책은 이러한 학생들에게 어디서부터 어떻게 공부에 접근해야 하는지 친절한 안내서와 같은 역할을 하고자 합니다.

소위 말하는 명문사립학교와 여러 사교육기관에서는 이러한 온라인 교육이 방과 후수업, 자신이 관심 있는 주제와 관련된 학점 이수, 대학 진학을 위한 학생부종합 전형 활용 등 다양한 분야에서 활용되고 있습니다.

본 책을 통해 전국의 모든 학생이 정보의 소외 없이 미래사회를 대비할 수 있기를 희망합니다.

저자 대표 박희진

차 례

—

PART 2

학교 밖
즐거운 온라인 교육

PART 3

전 세계 석학들을 눈앞에서 만나다

PART 4

궁금해요.
내게 맞는 미래교육 찾기

PART 1

학교에서
가르쳐주지 않는
새로운 미래교육

전 세계적으로 불고 있는 교육의 패러다임 변화
우리의 교육 환경은 미래에 어떻게 변화할까요?

 과거와 현재, 통제 방식으로 공부하는 아이들

많은 학생이 같은 시간, 같은 장소에서 같은 내용의 수업을 받는 게 당연한 일이었습니다.

 현재와 미래, 다양한 방식으로 공부하는 아이들

자신만의 방식으로 시간과 공간을 뛰어넘어 공부합니다. 이제 더 이상 학생들은 같은 공간에서 같은 내용을 공부하지 않습니다.

미래사회,
넌 누구니?

전 세계적인 교육의 흐름은 유일한 지식 습득 장소인 학교라는 물리적 환경에 국한되어 '같은 시간'에 '같은 내용'을 듣고 '같은 방식'으로 다 함께 배우는 교육이 아닌, 자기만의 방식으로 시간과 공간을 뛰어넘어 학생들이 가지고 있는 다양한 흥미와 필요를 고려한 교육으로 패러다임이 변화하고 있습니다.

매일 새롭게 생산되는 지식, 지금도 새로운 지식이 생산되고 있다!

세계 여러 분야에서 일어나고 있는 변화, 발전의 모습을 보면 그야말로 정신을 차릴 수 없을 정도의 속도로 새로운 것이 만들어지고 소멸하고 있습니다. 21세기를 지식 사회 또는 정보 사회라고 부르지만, 21세기가 시작된 지 20여 년이 지나기도 전에 우리 사회는 이미 '정보혁명'이라는 제4차 산업혁명에 들어섰고, 이제는 또 다른 모습의 새로운 변화가 현재에도 계속 진행 중에 있습니다.

인터넷의 발달로 전 세계가 하나의 생활권으로 묶이고, 교육 또한 이러한 시대 변화를 반영하듯 새로운 교육기관과 새로운 교육모델이 필요한 시점이 되었습니다. 그야말로 모든 것이 변화하고 또 변화하는 것만이 생존할 수 있는 시대라고 할 수 있습니다. 예전의 교육방식은 새로운 방식으로 변해야 하며, 이제 이러한 것은 선택이 아닌 미래사회 적응을 위한 필수적인 일이 되었습니다.

 미래사회를 전망해 보면 지금과는 완전히 다른 세계가 도래할 것이다.

 미래사회를 살아가게 될 세대는 그에 맞는 적합한 능력을 길러야 합니다. 변화의 모습을 잘 따라가기 위해서는 교육, 즉 학습하는 방법에 대한 반성도 필요할 것입니다. 우선 미래사회가 어떠한 모습으로 전개될 것인지 예측해 보도록 하겠습니다.

카오스 시대가 도래할 것이다.

카오스는 복잡, 무질서, 불규칙한 상태를 말하며, 장래의 예측이 불가능한 현상을 가리킵니다. 국내외에서 일어나고 있는 일들을 살펴보면, 안정적이고 지속될 것만 같았던 기업도 한순간에 몰락하고 전혀 새로운 분야가 각광받기도 합니다. 이러한 미래사회는 언뜻 보아서는 무질서하게 보이지만, 현상의 배후에는 정연한 질서가 감추어져 있다는 것을 의미합니다.

세계는 거대한 하나의 연결망이 될 것이다.

디지털 혁명으로 인해 지구상의 모든 사람이 서로 연결될 것이며, 연결성의 확대로 세계화가 꾸준히 빠르게 진행될 것입니다. 이제 물리적 거리는 학생들의 학습을 가로막는 장애 요인이 아닙니다. 즉 학생이 교육에 맞추기보다는, 교육이 학생의 학습 스타일과 속도에 맞춰 보다 유연한 경험을 할 수 있는 시대가 올 것입니다.

지식의 습득을 넘어, 지식의 생산 시대가 될 것이다.

학습자는 더 이상 수동적으로 기존의 지식을 받아들이지 않습니다. 즉 새로운 지식을 창조하는 시대가 도래할 것입니다. 지식 생산자의 역할은 더 이상 학문하는 사람들만의 전유물이 아닙니다. 누구나 자신만의 경험과 전문성을 살려 지식의 창조 및 재창조가 가능한 시대가 되었습니다.

공감 능력이 중요한 시대가 될 것이다.

미래사회는 혼자서는 살아갈 수 없는 시대가 되었습니다. 다른 사람을 공감적으로 이해하고, 함께 협업하는 것은 이제 피할 수 없습니다. 대인관계 상황에서 상대방에게 내 의견을 잘 전달하기 위해서는 상대방이 무엇을 알고 있고, 무엇을 모르고 있는지 이해하고 공감하는 것이 무엇보다도 중요합니다.

그렇다면 미래사회를 살아가기 위해 앞으로 우리는 어떻게 공부를 해야 할까요? 그 해답은 온라인 교육을 통한 미래교육에 있습니다.

미래교육,
이미 변화는 시작되었다

WISE(World Innovation Summit for Education) 비영리 재단이 'School in 2030'이란 이름으로 실시한 설문조사에 의하면, 2030년이 되면 지식의 제1공급원으로 '온라인 교육'이 된다는 예측을 하고 있습니다. 이는 온라인 교육을 통한 학점 인정과 관련이 깊습니다. 이미 세계 여러 학교 및 국내 대학에서는 온라인 교육을 통한 학점이 인정되고 있고, 머지않아 우리나라 고등학교 이하 학교교육에서도 이런 방법이 반영될 것입니다.

또한 미래에 필요한 역량으로 '개인적 역량Personal skills' 및 '실용적 지식Know how and practical skills'이 '교과지식Academic knowledge'보다 더 중요한 위치를 차지할 것이란 예측이 나왔습니다. 개인이나 조직의 생존과 발전을 위해 또는 문제를 해결하기 위해 협업이 매우 중요한 시대임을 고려한다면 충분히 현실성 있는 이야기입니다. 이것이 미래교육의 방향일 것입니다.

주요 선진국의 미래사회를 대비한 교육의 변화 모습을 살펴보면, 이미 변화가 일어나고 있음을 알 수 있습니다. 온라인 네트워크에 기반한 테크놀로지 기반 수업 및 학생들의 실시간 자료 탐색 수요가 증가하고 있으며, 교사 중심에서 벗어나 학생 중심의 자기주도적 학습을 강조하고, 개별 학생의 흥미와 진도에 따른 개별 맞춤형 학습을 제공하고 있습니다.

2030년 지식의 공급원과 필요한 역량은?

또한 최첨단 정보통신기술을 활용하여 '캠퍼스 중심의 기존 대학교육'의 틀을 완전히 벗어난 미래교육모델이 등장하고 있습니다. 그 대표적인 사례로서 미국의 '미네르바 스쿨Minerva School'과 프랑스 IT 전문 교육기관인 '에꼴42Ecole 42'를 들 수 있습니다.

온라인 플랫폼 기반 학교
「미네르바 스쿨」

미네르바 스쿨은 2015년에 개교한 신생 대학교로 미국 샌프란시스코에 본부를 두고 있다. '하버드대보다 입학하기 어려운 대학교'로 알려짐으로써 단기간에 세계적인 유명세를 얻었습니다. 전 세계에서 뛰어난 인재들이 입학하고 있고, 최근 입학 경쟁률이 100대 1을 넘었습니다.

이러한 현상이 생기는 이유는 무엇일까요? 그 답은 미네르바 스쿨에서 이루어지는 '파괴적 혁신disruptive innovation'에 있습니다. 무엇보다도 우수한 교수진을 통한 최고의 강의가 제공될 뿐만 아니라, 7개국(미국, 영국, 독일, 아르헨티나, 인도, 대만, 한국)에서 경험하는 기숙사 생활은 글로벌 체험을 원하는 요즘 청년들에게는 더할 나위 없는 매력적인 옵션입니다. 각국에서 학생들은 문화 체험만이 아니라, 다양한 기업, 비영리단체, 사회혁신기관 등을 경험하는 기회를 갖습니다.

미네르바 스쿨에서는 모든 수업이 온라인 플랫폼 기반의 소규모 세미나로 이루어지는 대신에, 능동적 학습active learning을 촉진하기 위해 13~15명의 학생들이 실시간 토론하는 형태로 수업이 이루어집니다. 학생들은 상호 토론하고, 교수는 피드백을 제공합니다.

이와 같은 혁신적인 교육 외에도 미네르바 스쿨의 매력도를 높이는 것은 저렴한 등록금입니다. 2018,19학년도 학부생 기준으로 미네르바 스쿨의 연간 등록금은 $24,950로, 미국 명문 사립대학(하버드, 스탠포드 등) 대비 1/4 정도에 불과합니다. 캠퍼스 유지 및 보수 비용이 들지 않고, 온라인 플랫폼을 활용하여 수업, 학사행정 및 학생 서비스 등을 제공하기 때문에 교육 비용을 낮출 수 있는 것입니다. 많은 학생들이 학자금 대출금을 상환하기 위해 졸업 후 다년간 고생하는 현실을 고려할 때, 저렴한 비용으로 혁신적인 교육을 제공하는 미네르바 대학은 거부하기 어려운 선택지라고 할 수 있습니다.

전 세계 IT 인재의 산실 전문 교육기관
「에꼴 42(Ecole 42)」

　대학교육의 혁신 아이콘이 된 '에꼴 42(É cole 42)'는 3無(강사, 교재, 학비)인 교육기관으로 유명합니다. 프랑스 파리에 위치한 에꼴 42는 2013년 이동통신사를 경영하는 자비에 니엘Xavier Niel 회장이 4차 산업혁명에 대비하여 IT 인재 육성 시스템을 혁신하기 위해 설립한 교육기관입니다. 에꼴 42는 2017년 IT 기술대학 평가에서 3위를 차지했고, 졸업생들이 IT 분야에서 두각을 나타내면서 대학교육 혁신모델로서 주목받고 있습니다. 이에 따라 미국, 우크라이나, 남아프리카공화국, 루마니아로 확산되고 있습니다. 에꼴 42는 IT 기본교육을 이수한 18~30세 청년이면 누구나 지원할 수 있어 전 세계에서 우수한 인재들이 모여들고 있습니다.

우리말로 번역하면 '수영장La piscine'이라고 불리는 선발 과정은 그 자체가 에꼴 42 교육의 특징을 잘 보여줍니다. 에꼴 42의 입학생으로 최종 선발되기 위해서는 두 개의 관문을 통과해야 합니다. 1차는 '논리와 추론 능력 테스트'로, 이를 통해 3배수의 학생이 걸러집니다. 2차는 4주 과정으로, 입학생들은 매일 주어지는 프로젝트를 코딩coding을 통해 풀어야 합니다. 컴퓨터가 가득한 방에서 학생들은 먹고 자며 문제를 풀고, 그에 따라 수영장처럼 수건이 널려져 있습니다. 시간이 지날수록 해결해야 할 프로젝트의 난이도는 높아지며 동료들끼리의 협업과 상호평가를 통해 솔루션을 찾아가야 합니다.

이러한 과정을 통해서 학생들은 끊임없이 변화해가는 현실에 적응하는 역량을 키워갑니다. 수영장 과정을 성공적으로 통과한 약 1,000명의 학생은 3년의 본 과정을 이수하게 됩니다. 본 과정의 특징은 크게 세 가지로, ① 협력을 통한 프로젝트 추진 ② 게임을 통한 학습 ③ 수준별 자율학습입니다. 이러한 과정을 통해서 육성된 인재는 인공지능의 고도화와 더불어 급속히 진화하는 IT 분야를 선도할 수 있는 역량과 자질을 갖추게 됩니다. _참조: 채재은(2018). 해외의 교육시스템이 '진화'하고 있다.

이처럼 전 세계 초·중·고, 대학의 수업 방식의 변화, 교육의 변화는 우리를 매우 혼란스럽게 합니다. 이러한 변화에 대응하기 위해서는 학습자의 다양한 학습 경험과 기회를 확대하고 시간과 공간의 제약을 넘어서는 교육이 필요합니다. '캠퍼스, 교수, 교재 중심'의 전통적인 대학교육 모델도 전면적으로 재검토할 필요가 있습니다. 인공지능기술을 활용하여 개인별 맞춤형 학습이 가능한 상황에서 종전과 같은 다수의 학생들을 한 공간에 모아놓고 수업하는 대중교육 모델은 외면받기 쉽습니다.

구분	과거, 현재의 학교	미래학교
학교에 대한 인식	학교는 공장형 대량생산 모델, 효율적 측면에서 학교는 커도 문제가 되지 않음	학교는 모든 개인의 욕구와 필요, 능력과 수준을 고려하여 개별화된 맞춤형 주문 생산식 모델로 발전
학생에 대한 인식	학생은 미성숙한 개체이므로 지도, 감독해야 함	학생을 인격을 가진 개인으로, 또한 전체의 일원으로 사회에 기여할 수 있는 존재로 인식함
교과목 접근 방법	일련론적, 나열식 접근인 개별 교과목적 접근	전체론적 접근인 STEAM 등 통합 교과목적 접근
학습에 대한 이해	아는 것을 시험에서 보여 줄 수 있으면 되기 때문에 훈련이나 체험을 통해 체화할 필요가 없음	아는 것을 말과 글, 다양한 매체를 통해 표현·전달·설득하는 것을 중요하게 생각하므로 훈련이나 체험을 통해 체화하는 것이 중요함
	피상적인 겉핥기식 탈맥락적 학습으로 단순 지식의 암기 방법이 효과적임	전후좌우 맥락을 알게 해주는 맥락적 학습이 중요하며, 깊은 이해를 할 수 있도록 해주는 스토리텔링이 효과적인 학습방법임
사고에 대한 이해	일상생활이나 사회와 분리된, 탈맥락적 학습을 해도 알기만 하면 되므로 맥락적 사고를 중요하게 생각하지 않음	일상생활과 관련시켜 사회의 다양한 맥락과 다양한 이해관계를 꿰뚫어 파악하는 맥락적 사고를 중시함
	개체적인 지식과 사실을 암기하고 알고 있는지를 확인하는 것이 중요하므로 시스템적 사고가 중요하지 않음	전체를 구성하고 있는 크고 작은 시스템이 개별적 또는 서로 연관되어 작동하는 것을 이해하는 시스템적 사고가 중요함. 또한 주어진 시스템을 넘어서는 탈시스템적 사고도 중요함

참조: 김태완(2015). 미래학교 도입을 위한 기본설계 구상

현재와 미래가
만날 때

농경사회에는 사람의 노동력을 이용하기 때문에 생산력이 매우 낮았으며 교육을 아무나 받을 수 없었습니다. 이후 산업사회에서는 기계의 사용으로 생산력이 매우 높아졌으며, 대규모 인력이 필요함에 따라 공장과 같은 최초의 학교교육이 출현하게 되었습니다. 현대사회에 와서는 IT혁명으로 인간의 삶이 풍요로워지고 같은 시간, 같은 공간에서 같은 내용으로 교육했습니다.

현 4차 산업혁명 시대에는 인공 지능, 사물 인터넷, 빅 데이터, 모바일 등 첨단 정보통신기술이 경제·사회 전반에 융합되어 혁신적인 변화가 나타나고 있습니다. 더 이상 같은 시간, 같은 공간에서 같은 내용을 배우지 않으며, 자신만의 속도에 맞춰 배웁니다.

기술의 발달은 이미 알파고에서 확인하였듯이 인공지능(AI)을 기반으로 하며, 그 외에도 사물인터넷IoT, 클라우드Cloud, 빅 데이터Big data, 모바일Mobile, 즉 ICBM 등의 지능정보기술을 동력으로 합니다. 사물인터넷은 주변의 모든 사물이 인터넷으로 연결되는 기술로, 전형적인 제조업으로 분류되던 자동차도 기술이 접목되어 자율적으로 운행할 수 있도록 한 것이 대표적인 예입니다.

클라우드는 노트북, 데스크톱으로 불리는 컴퓨터의 모습을 본체가 없어도 되는 손 안의 인터넷이 확산되는 자원의 공유 기반 기술이며, 이렇게 공유되는 인간의 활동은 빅 데이터로 수집되고 분석되어 이용자 맞춤 서비스가 더욱 확산될 것입니다.

이러한 인공지능과 ICBM의 발달은 모든 사회를 초지능·초연결사회로 변화시킬 것으로 전망됩니다. 초지능적인 사회란 알파고처럼 기계가 인간처럼 사고하고, 문제를 해결해 나가는 지능적인 서비스가 확대되는 사회입니다. 이미 나타나고 있는 로봇 기자, 로봇 의사, 로봇 펀드 매니저처럼 인간의 단순 반복적 업무는 물론 데이터를 기반으로 한 예측과 추론, 때로는 문제 해결 방안까지 제시하는 서비스가 나타나게 될 것입니다.

두 번째 예측되는 사회 변화로는 초연결사회로의 변화입니다. 이는 현실 세계와 가상 세계와의 연결, 사물과 인터넷의 연결, 인간과 인간의 연결이 시간과 공간의 한계를 넘어 더욱 가속화될 것으로 전망되는 사회 변화입니다. 포켓몬고와 같은 게임은 현실세계에서 가상의 포켓몬을 잡는 게임이고, 이미 주변에 있는 냉장고, 램프, 보일러 등이 인터넷과 연결되어 먼 거리에서도 작동되거나 반응하고 있습니다.

결론적으로 4차 산업혁명이란 인공지능과 ICBM 등 고도화된 지능정보기술을 동력으로 한 초지능·초연결사회로의 변화입니다. 이는 다가올 변화가 아니라 이미 시작된 것으로 인지되어야 하며 충격과 위협, 두려움의 요인으로 간주되어서는 안 됩니다.

따라서 변화의 속도가 급격하고 적용 범위가 광범위하여 현재의 교육 체제가 지속된다면 국가적 경쟁력은 현저하게 낮아질 것이라는 인식하에 교육 혁신의 기회로 삼아야 합니다. _참조: 김진숙 외(2017). 4차 산업혁명시대의 미래교육 준비하기

미래학자 버크민스터 폴러Buckminster Fuller는 '지식 두 배 증가 곡선'으로 인류의 지식 총량이 늘어나는 속도를 설명한 바 있습니다. 그에 따르면 인류의 지식 총

량은 100년마다 두 배씩 증가해 왔던 것이 1990년대부터는 25년으로, 현재는 13개월로 그 주기가 단축되었습니다. 2030년이 되면 지식 총량이 3일에 두 배씩 증가한다고 주장하면서 사회 전반에 걸쳐 이러한 변화에 대비할 수 있는 대대적인 혁신을 요구하고 있습니다.

에릭 슈미트Eric Schmidt 전 구글 회장은 미래에는 연결성이 확대되면서 전통적인 관계가 바뀌고 새로운 학습기회가 제공됨에 따라, 더 이상 학생이 교육에 맞추기보다는, 교육이 학생의 학습 스타일과 속도에 맞춰 보다 학생들이 유연한 경험을 할 수 있도록 패러다임이 변할 것으로 보고 있습니다.

또한 평생학습시대가 도래할 것입니다. 미래사회에는 현재의 직업 중 상당수가 없어지고 직업의 소멸 주기가 매우 짧아질 것이기 때문에 평생직장의 개념은 사라질 것입니다. 그리고 TF팀과 같이 프로젝트 단위로 일하는 현상이 확대되면서 전 생애에 걸쳐 배우는 평생학습시대가 될 것입니다.

이제는 글로벌 인재가 필요하다

과거 20세기까지는 기존의 지식을 잘 외우고 그것에 정통한 '지식형 인재'가 필요했다면 앞으로 다가올 미래사회에는 창의적 사고와 융합적 사고능력을 갖춘 '글로벌 인재'가 필요합니다. 과거엔 문자언어로 전달되는 책이 유일한 지식의 원천이었다면, 지금은 무한히 쏟아지는 정보 중에 자신에게 딱 맞는 지식을 찾아 적재적소에 배치하는 창의·융합적 사고 역량이 요구되기 때문입니다.

에디슨, 백남준, 빌 게이츠, 스티브 잡스 등 글로벌 인재들은 흔히 처음에는 괴짜라는 소리를 듣기도 하고 시대와 어울리지 않는다고 실패를 맛보기도 했습니다. 하지만 자신들의 전문 분야에 대한 탄탄한 지식을 바탕으로 한 창의·융합적 사고는 이들을 그 분야의 최고 반열에 올라설 수 있게 한 원동력이 되었습니다.

토머스 에디슨

토머스 에디슨(1847~1931)은 미국의 발명가 및 사업가입니다. 세계에서 가장 많은 발명을 남긴 사람으로 1,093개의 미국 특허가 에디슨의 이름으로 등록되어 있습니다. 어려서부터 호기심이 많아 엉뚱한 짓을 잘했고, 실험과 호기심을 통한 발명으로 미국을 응용기술면에서 유럽을 압도할 수 있는 국가로 만들었습니다. 에디슨은 전례 없던 획기적인 것을 발명한 것이 아니라 이전에 있던 것을 개선하고 보완한 창의 융합형 인재라고 할 수 있습니다.

백남준

백남준(1932~2006)은 세기적인 비디오 아트가, 작곡가, 전위예술가입니다. 전위적이고 실험적인 공연과 전시로 센세이션을 일으켰습니다. 비디오 예술의 선구자일 뿐만 아니라 다양한 매체를 통해 예술에 대한 정의와 표현의 범위를 확대시켰습니다. 특히 비디오 아트라는 새로운 예술을 창안하여 발전시켰다는 평가를 받는 예술가로서 '비디오 아트의 창시자'로 알려져 있습니다. 한편 백남준은 새로운 테크놀로지에 개방적이며 적극적인 태도를 견지하면서도, 이에 따라 나타나는 비인간화를 걱정했습니다.

빌 게이츠

빌 게이츠(1955~)는 미국의 마이크로 소프트 설립자이자, 기업인입니다. 어 렸을 때부터 컴퓨터 프로그램 만드는 것을 좋아했던 그는 하버드 대학교를 자퇴하고 폴 앨런과 함께 마이크로소 프트를 공동 창립했습니다. 회사 설 립 후 윈도우 운영체계와 웹 브라우 저인 인터넷 익스플로러 등을 통해 전 세계적으로 컴퓨터 및 인터넷 부문을 선도해온 대표 적인 디지털 시대의 거인입니다.

스티브 잡스

스티브 잡스(1955~2011)는 애플과 넥스트의 공동 설립자로서, 매킨토시 컴퓨터, MP3 플 레이어인 아이팟 그리고 스마트폰의 대명사 아이폰 등 테크놀로지의 혁신을 선도한 대 표적인 인물입니다. 그는 분명히 혁신적인 컴퓨팅 테크놀로지를 확산시키는 데 큰 역 할을 했지만 정작 자신이 직접 발명해낸 것 은 없습니다. 그는 기술과 컴퓨터에 대한 새 로운 시각을 제시하고, 필요성조차 인식하지 못하는 세상 사람들로 하여금 필요한 것을 향 해 나아가도록 이끌어간 기술적 비전의 전도사였습니다.

글로벌 인재가 되기 위해서는

미래에는 한 분야에 정통하여 전문적으로 파고드는 지식형 인재보다는 다양 한 분야의 정보를 폭넓게 이해하고, 자신에게 필요한 새로운 지식을 창출할 수 있는 글로벌 인재가 요구됩니다. 또한 혼자서 작업하기보다는 여러 사람과 어울리고 협업할 수 있는 의사소통 능력이 요구됩니다. 따라서 미래의 글로벌 인재가되기 위해서는 다음의 세 역량을 고루 갖출 필요가 있습니다.

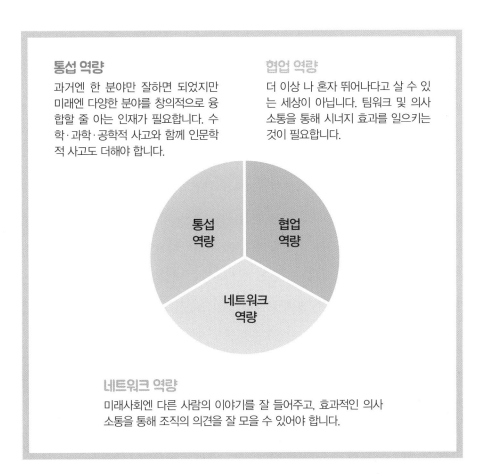

통섭 역량
과거엔 한 분야만 잘하면 되었지만 미래엔 다양한 분야를 창의적으로 융합할 줄 아는 인재가 필요합니다. 수학·과학·공학적 사고와 함께 인문학적 사고도 더해야 합니다.

협업 역량
더 이상 나 혼자 뛰어나다고 살 수 있는 세상이 아닙니다. 팀워크 및 의사소통을 통해 시너지 효과를 일으키는 것이 필요합니다.

네트워크 역량
미래사회엔 다른 사람의 이야기를 잘 들어주고, 효과적인 의사소통을 통해 조직의 의견을 잘 모을 수 있어야 합니다.

세계는
교육 혁명 중

전 세계에 부는 교육의 패러다임 변화를 안다는 것은 앞으로 어떤 인재를 요구하는지 그리고 미래사회를 살아갈 세계시민으로서 어떤 준비를 해야 하는지 아는 것입니다. 과거의 교육방식을 잊고 미래교육으로 시야를 확장한다면 미래사회를 대비하여 자신의 강점을 살리고, 단점은 오히려 자신만의 장점으로 승화시켜 자신의 역량을 최대한 발휘할 수 있을 것입니다. 이러한 교육의 패러다임 변화는 여러 기사를 통해서도 접할 수 있습니다.

캠퍼스 없는 대학. 6개월짜리 학위 '미네르바스쿨'

2011년 벤처기업가 출신인 벤 넬슨이 "기존 대학 모델을 바꾸겠다"며 미네르바스쿨을 설립됐을 때만 해도 성공 가능성을 높게 점친 이들은 많지 않았습니다. 2014년 개교 후 4년이 지난 지금 미네르바스쿨은 세계에서 가장 주목받는 대학이 되었습니다.

미네르바스쿨은 온라인 수업을 통해 다양한 지식을 쌓고 방문 국가의 대학·기업에서 인턴십을 하거나 팀 프로젝트를 진행하며 문제 해결력을 키웁니다. 서울에서도 네이버·SAP코리아·소프트뱅크벤처스 등의 기업에서 프로젝트를 수행했습니다.

2007년 설립된 스페인의 몬드라곤팀아카데미(Mondragon Team Academy: MTA)는 문제 해결학습의 극단적 사례로 꼽힙니다. 캠퍼스나 강의실이 없고 심지어 교수와 강의도 없습니다. 대신 팀 코치가 창업에 필요한 지식과 기술을 학생들에게 제공하면서 기업가로 성장하도록 돕습니다. 15명 안팎의 학생들은 팀을 이뤄 4년 동안 다양한 프로젝트를 수행하며 소통·협력하는 방법을 배웁니다. 학생들은 매년 20개 내외의 프로젝트를 수행하면서 쌓은 실전 경험을 바탕으로 창업에 나섭니다. 현재 스페인뿐 아니라 중국·네덜란드·멕시코·인도 등 6개국에 11개 랩을 운영할 정도로 창업 교육의 메카로 자리 잡았습니다.

온라인 플랫폼을 통해 최신 기술을 비롯해 다양한 분야의 강의를 무료로 제공하는 무크(MOOC: Massive Open Online Course)는 기업들이 선호하는 인재 확보의 통로가 되고 있습니다. 대표적 무크인 코세라는 29개국 161개 대학·기관과 파트너십을 맺고 2,600개 안팎의 온라인 강의 코스를 제공합니다. 지금까지 수강한 인원만 2,500만 명이 넘습니다. AI와 딥러닝, 자율주행차 등에 특화된 강의를 제공하는 유다시티는 정보기술(IT) 기업들이 필요로 하는 인재를 단기간에 양성하면서 '실리콘밸리의 대학'으로 자리매김했습니다. 구글이나 아마존, 엔비디아 등 IT 기업들은 유다시티와 제휴를 맺고 강의 콘텐츠를 제공하는 한편 이를 수강하거나 6개월 또는 1년 과정의 '나노 학위nano degree'를 취득한 수강생을 직원으로 채용하고 있습니다.

참조: 서울경제(2018.1.14.)

4차산업 교육혁명 시작종 울렸다

혁신은 무(無)에서 시작되지 않습니다. 기존의 물질과 현상 등을 결합할 때 새로운 무언가로 발전합니다. 스마트폰도 전화기, PC 등이 합쳐진 복합체라 할 수 있습니다. 4차 산업혁명 시대에 자라나는 학생들에게 '융합' 능력은 필수적입니다.

미래는 데이터, 협력, 소통의 시대다

그동안 우리 교육은 암기를 강요했습니다. 한 분야의 '지식'과 '개념'을 많이 아는 게 중요했습니다. 20세기 산업화 시대에는 통합적으로 학문을 다루지 않았습니다. 하나의 상품 제조를 위해 특정 분야의 법칙을 이해하는 게 중요했습니다. 21세기는 데이터 중심의 사회로 바뀌고 있으므로, 암기보다는 데이터를 활용하는 게 더 중요합니다. 웬만한 제조업체보다 구글, 애플 등 IT 기업이 더 큰 부가가치를 창출합니다. 이제는 통합적 전문성이 필요합니다. 즉 다양한 분야의 데이터를 융합해 좋은 정보를 생산할 수 있어야 하는 것입니다.

협력의 시대

미래는 다양한 분야를 접목하고, 데이터를 잘 활용하는 인재가 주목받는 시대입니다. 하지만 그러한 능력을 갖추는 것만으로 만족해서는 안 됩니다. 다른 사람들과 협업하는 능력도 그에 못지않게 중요합니다. 대다수가 혼자 혁신을 이뤄내기에는 한계가 있습니다. 따라서 미래사회는 '협력적 문제해결력'을 갖춘 인재가 필요합니다. 힘을 합쳐 시너지 효과를 내면, 분야를 뛰어넘는 창의적인 결과물을 만들 가능성이 높기 때문입니다.

소통의 시대

미래사회에서는 다양한 의사소통 능력도 중요합니다. 협업을 제대로 하기 위한 전제조건이며, 자신의 생각을 효과적으로 표현하기 위한 필수적인 능력입니다. 다양한 매체에서 수많은 정보가 활용되는 시대입니다. 이제 단순히 말과 글을 잘 다루는 것을 넘어서야 합니다. 따라서 시각적 사고력을 넓히는 훈련이 필요합니다. 시각을 활용하면 이해가 빨라지고, 공감대 형성이 쉬워지기 때문에 자연스레 의사결정 속도가 빨라지고, 새로운 영감을 얻는데도 도움이 됩니다. 장황한 말보다 시각적 이미지 하나가 더 효과적일 수 있는 것입니다.

참조: 부산일보(2018.9.19.)

온라인 교육,
넌 누구니?

요즘 아이들은 더 이상 모르는 것을 학교에서 배우거나 책을 통해서 배우지 않습니다. 온라인 교육을 통한 미래교육은 4차 산업혁명 시대에 다양한 변화에 맞춰 태어날 때부터 스마트폰을 가지고 태어난다는 디지털 노마드Digital Nomad 세대를 위한 교육방법입니다. 즉 칸 아카데미Khan Academy, 테드Ted, 무크MOOC, EBS 등과 같이 무료로 교육내용을 제공하는 온라인 교육을 통해 학생 스스로 자신이 원하는 것을 충분히 배울 수 있는 시대가 되었습니다.

이미 소위 말하는 명문사립학교와 여러 사교육기관에서는 이러한 온라인 교육을 통한 방과 후 수업, 자신이 관심 있는 주제와 관련된 학점 이수, 대학 진학을 위한 학생부종합전형을 고려한 교육 등 다양한 분야에서 활용되고 있습니다.

하지만 이렇게 온라인 교육이 중요함에도 불구하고 많은 학생과 학부모들은 이러한 온라인 교육에 대한 정보 자체가 없거나, 또는 그 중요성은 알고 있으나 어떻게 활용해야 하는지 알지 못해 온라인 교육을 이용하지 못하고 있습니다.

디지털 노마드Digital Nomad는 프랑스 경제학자 자크 아탈리가 1997년 '21세기 사전'에서 처음 소개한 용어입니다. 주로 노트북이나 스마트폰 등을 이용해 장소에 상관하지 않고 여기저기 이동하며 업무를 보는 이를 일컫습니다. 일과 주거에 있어 유목민(nomad)처럼 자유롭게 이동하

다양한 흥미를 가진 아이들의 요구

세계 최고의 명성을 자랑하는 스탠포드, MIT, 하버드 등 최고 수준으로 평가받는 대학들이 잇달아 무크(MOOC: Massive Open Online Course) 강좌를 제공하고 있습니다. 이 강좌들은 2012년부터 무료로 제공되고 있습니다. 이처럼 가정에서 온라인 교육을 통해 양질의 교육을 받을 수 있는 시대가 되었습니다. 과거에는 학습자가 원하는 교육을 듣기 위해서는 직접 가서 듣는 게 유일한 방법이었습니다. 하지만 이제는 공간과 시간의 제약을 온라인 교육을 통해 극복할 수 있는 시대가 되었습니다. 전통적 교육에서는 엄격한 자격시험을 거쳐 합격한 사람만 대학에 등록금을 내고 수강 신청을 한 뒤 제한된 인원만이 수업을 들을 수 있었습니다. 하지만 온라인 교육은 어떤 전제조건도 없이 누구나 수강이 가능합니다.

학교에서 듣는 수업을 통해서 학생들이 관심 있는 것을 배우는 것은 이제 한계가 있습니다. 다양한 흥미를 가진 아이들의 요구를 학교에서 다 배우기란 사실상 불가능합니다. 테드TED 강좌를 통하여 미래의 자기 모습을 미리 상상해 보고, 진로에 대해 고민해볼 수 있는 시간을 가질 수도 있고, 칸 아카데미Khan Academy를 통하여 자신의 현재 수준을 진단하여 수학과목을 보충학습 또는 심화학습을 할 수도 있습니다.

또한 학교 내신관리도 온라인 교육을 통해 충분히 할 수 있는 시대가 되었습니다. 이제 온라인 교육은 미래에 선택이 아닌 필수적으로 해야 할 교육 방식이 되었습니다.

왜 온라인 교육을 선호할까

온라인 교육은 오프라인 교육과 달리 확실한 장점이 있습니다. 우선 시간과 공간을 초월한다는 점입니다. 그리고 자신이 배우고자 하는 것을 스스로 찾아 공부할 수 있다는 점입니다. 이정기(2017)의 연구에 의하면 온라인 교육은 다음과 같은 다양한 장점을 가지고 있습니다.

물리적, 심리적 편의성 면에서

학교, 학원에 가지 않고 강의를 들을 수 있습니다.

편리한 시간에 강의를 들을 수 있습니다.

강의실 이동에 따른 불편을 줄일 수 있습니다.

편안한 마음으로 강의를 들을 수 있습니다.

주변 사람을 의식하지 않고 학습할 수 있습니다.

이동에 따른 교통비를 줄일 수 있습니다.

출석에 대한 부담감을 줄일 수 있습니다.

다른 강좌와 시간이 중첩되지 않아 여러 강좌를 들을 수 있습니다.

시청각적으로 학습하기 편리합니다.

학습과정의 용이성 면에서

시험 및 과제에 대한 부담이 없어서 자유롭게 학습할 수 있습니다.

나에게 맞는 강의를 골라 들을 수 있습니다.

오프라인 비교 우위성 면에서

오프라인에 비해 강의집중이 잘 됩니다.

오프라인 강의보다 재미가 더 있습니다.

커뮤니티나 토론방을 이용해 정보 교류와 토론을 활발히 할 수 있습니다.

비의도성 면에서

내가 사는 주변에 오프라인에서 듣고 싶은 강좌가 없어도 온라인 교육을 통해 들을 수 있습니다.

내가 듣고자 하는 오프라인 강좌에 수강자가 많아 강의를 듣지 못해도 온라인 교육을 통해 양질의 교육을 들을 수 있습니다.

Z세대는
이렇게 달라졌어요!

아이들이 무엇을 좋아하는지, 어떠한 것에 관심이 있는지 살펴보면 과거와 달리 그 모습이 많이 변했음을 알 수 있습니다. 현대의 Z세대 아이들은 SNS(Social Network Services/Sites)를 통해 자신의 일상을 항상 공유하고 싶어 하는 아이들입니다. 이러한 아이들에게 여전히 과거의 방식으로 공부를 하게 한다면 미래사회를 살아가는 데 뒤처질 것은 분명합니다.

문자 매체인 책보다 영상 매체인 유튜브에 익숙한 아이들

전화나 손글씨보다는 카톡이 편한 아이들

친구들과 밖에서 뛰어 놀지 않고 집에서 스마트폰으로 온라인친구와 대화하는 게 더 편한 아이들

시간과 장소를 가리지 않고 스마트기기를 이용해 필요한 것을 검색하거나 해결하는 아이들

이러한 아이들에게 더 이상 과거의 방식으로 학습하게 할 수는 없습니다. 미래 사회를 대비하기 위해서는 새로운 교육 방식이 요구됩니다. 바로 온라인 교육을 통해서 이러한 아이들의 흥미와 필요를 충족시킬 필요가 있습니다.

Z세대는 1990년대 중반에서 2000년대 초반에 걸쳐 출생한 젊은 세대를 이르는 말로, 밀레니얼 세대(Y세대: 1980년대 중반부터 1990년대 중반 사이에 태어난 세대)를 뒤잇는 세대입니다. Z세대를 규정하는 가장 큰 특징은 '디지털 원주민(Digital native)'입니다. 2000년 초반 정보기술(IT) 붐과 함께 유년 시절부터 인터넷 등의 디지털 환경에 노출된 세대답게 신기술에 민감할 뿐만 아니라 이를 소비활동에도 적극 활용하고 있습니다. 단적인 예로 옷이나 신발 책 음반은 물론 게임기 등 전자기기의 온라인 구매 비중이 모두 50%를 넘습니다. X, Y세대가 이상주의적인 반면 Z세대는 개인적이고 독립적이며, 경제적 가치를 우선시하는 등 이전 세대와 다른 소비패턴을 보이고 있습니다. 〈한경 경제용어사전, Z세대〉

유튜브로 세상을 읽는 아이들

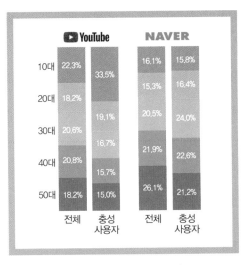

세대별 앱 사용자 구성비

요즘 10대들은 문자보다 영상이, 포털 사이트보다 유튜브가 익숙한 새로운 세대라고 합니다. 나이가 어릴수록 변화의 폭은 큽니다. 10대는 모든 것을 유튜브에서 찾아보고 적극적으로 영상을 생산해냅니다.

유튜브의 약진은 세대별 분석에서 두드러집니다. 유튜브를 가장 많이 활용한 세대는 10대(전체 사용자 중 22.3%)로 나타났습니다. 20대(18.2%), 30대(20.6%), 40대(20.8%)보다 높은 비율입니다. 유독 유튜브를 열심히 보는 사람을 가늠할 수 있는 '충성 사용자층 조사(앱 사용자 전체의 평균 사용 일수보다 더 많은 일수를 사용한 사람)'에서도 10대의 유튜브 선호를 뚜렷하게 읽을 수 있습니다. 유튜브 '충성 사용자층'에서 10대가 차지하는 비율은 무려 33.5%. 유튜브 단골 고객 3명 중 1명이 10대인 셈입니다. 즉 "모든 걸 유튜브로 찾아본다"라는 말이 더 적합할 것입니다. _참조: 시사IN(2018.2. 22.)

사람들은 얼마나 온라인 교육을 알고 있을까?

교육 문제는 오래 전부터 많은 사람들이 어떠한 방법이 좋은지 고민하고 연구된 주제였습니다. 미국 건국의 아버지이자 최초의 미국인이라고 불리는 벤자민 프랭클린Benjamin Franklin(1706~1790)도 학생들이 강의내용을 이해하도록 하려면 학생들을 강의에 포함시키라고 말했습니다. 인터넷의 발달에 따라 다양한 강의 동영상과 SNS에 익숙한 학생들에게 더 이상 일방통행식 강의는 인기가 없습니다. 4차 산업혁명으로 직업과 생활방식이 크게 변화하고 있는 이때에 학생들의 적극적인 참여를 이끌어내고자 하는 교육법에 대한 고민은 절실히 필요하다고 할 수 있습니다.

2018년 산업통상자원부 실태조사에 의하면, 17년 기준 75.9%의 학습자가 온라인 교육의 학습 비중을 확대하겠다고 했습니다. 특히 응답대상자 중 학생은 77.5%, 그리고 나이가 어릴수록 그 비중을 확대하겠다는 응답 비율이 높은 것을 확인할 수 있습니다.

응답 비율(%)		소계	5% 정도 확대	10% 정도 확대	10% 이상 확대
전 체	소계	75.9	21.8	35	19.1
연령별	3~9세	87.1	23	41.2	22.9
	10대	80.5	26.7	35.3	18.5
	20대	70.7	22.5	33	15.2
	30대	74.5	23.3	30.5	20.7
	40대	77.2	20.8	38.6	17.8
	50대	72.9	12.9	35.9	24.1
학력별	미취학	88.3	21.9	40.2	26.2
	초등학생	81.6	32	37	12.5
	중학생	84.9	23.8	36.9	24.2
	고등학생	68.5	20.4	32	16.1
	대학교	76.3	21	34.8	20.5
	대학원 이상	66.1	16.7	32.1	17.3
직업별	관리자/전문가	76.6	23.4	32	21.1
	사무종사자	73.6	20.6	35	18
	서비스/판매	79.5	15.2	37.7	26.5
	학생	77.5	24.5	35	18
	주부	70.4	12.3	40.2	17.8
	미취학	88.3	21.9	40.2	26.2

온라인 교육을 확대하고자 하는 비율

온라인 학습을 하고 있지 않다는 응답 결과를 보면 전체 26.8%가 관심은 있으나 접근 방법을 모르며, 19.3%는 그 필요성을 느끼지 못한다는 결과를 확인할 수 있습니다. 특히 초등학생의 40.4%는 온라인 교육의 필요성을 느끼지 못하고 있는데 이는 미래의 교육환경 변화에 대한 이해가 부족한 탓으로 나타납니다.

결국 온라인 교육의 참여 필요성과 접근 방법을 몰라서 미래의 필수적이며 핵심적 교육인 온라인 교육의 기회를 받지 못한다고 볼 수 있습니다.

응답 비율(%)		관심이 없음	관심 있으나 접근 방법을 모름	필요성을 느끼지 못함	교육 효과가 크지 않을 것 같다	학원 등의 교육 방법에 만족함	기타
전 체	소계	16.5	26.8	19.3	19.6	12.1	5.7
연령별	3~9세	23	33.4	17	16.6	7	3
	10대	4.6	12.2	29.8	16.9	34	2.5
	20대	14.2	22.1	20.2	21.5	12	10.1
	30대	14.8	27.3	20.4	20.5	8.6	8.4
	40대	21.9	30.1	15.4	14.4	12.4	5.7
	50대	13.7	25.8	20.3	24	11.8	4.3
학력별	미취학	22.5	35.5	15.7	19	6.4	0.8
	초등학생	14.7	18.8	40.4	2.6	15.4	8.2
	중학생	9.6	11.5	21.9	18	39.1	–
	고등학생	23.5	21.2	12.4	18.7	16.2	8
	대학교	15.2	22.2	22.2	23.5	10.7	6.3
	대학원 이상	11.1	30.4	17	23.7	13.6	4.2
직업별	관리자/전문가	16	25.7	18.9	28.8	5.6	5
	사무종사자	16	23.3	21.3	19	13.7	6.8
	서비스/판매	16.1	40.7	10.6	14.8	11.6	6.3
	학생	10.7	12.9	29.8	16.4	26.3	4
	주부	12.6	28.4	15.2	28.4	11.4	4
	미취학	22.5	35.5	15.7	19	6.4	0.8

온라인 교육을 이용하지 않는 이유

그렇다면 온라인 교육을 이용하고 있는 사람들은 어떤 교육 경험을 하고 있을까요? 2017년 기준, 우리나라 전체 국민은 주당 평균 5.5시간을 온라인 교육을 통해 학습하며 외국어 및 자격증과 관련된 학습을 52.5%로 가장 많이 하고 있습니다. 연령별로 10대는 주당 약 5.9시간을 온라인 교육을 통해 학습하고 학교 공부와 관련된 내용으로 43.5%를 이용하고 있습니다. 특히 초등학생과 중학생은 두 명 중 한 명이 온라인 교육을 통해 학습하고 있습니다.

응답 비율(%)		외국어	자격	직무	초중고 교과 과정	정보 기술	수학능력 시험	유아 미취학 교육	취미 교양	산업 기술
전체	소계	31.6	20.9	16.3	10.2	6.5	5.7	4.9	2.9	0.4
연령별	3~9세	17.4	–	0.5	16.7	–	–	65.4	–	–
	10대	24.8	4.9	5.3	43.5	4.1	14.6	2	0.4	–
	20대	39.5	27.5	17	0.2	8.9	5.6	–	0.6	0.2
	30대	37.7	28.1	23.2	0.6	4.1	2.5	–	2.5	1.4
	40대	28.3	27.2	24.2	2.4	5.5	4.4	–	5.7	0.7
	50대	31.1	23.9	17.6	2	14	3	–	8.4	–
학력별	미취학	14	–	0.6	10.7	–	–	74.7	–	–
	초등학생	28	2	1	56	–	8.6	4.4	–	–
	중학생	24.7	7.2	7.1	47.8	0.5	12.8	–	–	–
	고등학생	21.1	25.9	12.4	7.7	11.7	14.7	–	5.3	–
	대학교	37.9	24.5	23.1	0.7	7.3	3.2	–	2.7	0.4
	대학원 이상	37.9	17.6	20.9	3.5	7.6	2.5	–	6.9	–
직업별	관리자/전문가	35.6	22.6	21.7	2.3	10	4.7	–	1	0.6
	사무종사자	33	24.5	28.1	0.9	7.1	2.4	–	3.5	0.6
	서비스/판매	25.9	25.6	27.5	2.3	2.1	11.3	–	5.3	–
	학생	33.5	14.5	7	26.7	6.6	9.4	1.1	0.7	0.1
	주부	30.7	32.5	7.9	1.7	3.3	7.3	–	16.7	–
	미취학	14	–	0.6	10.7	–	–	74.7	–	–

온라인 교육을 통한 학습 분야

온라인 교육을 통해 미래에 나아갈 방향

미래사회에 학교에서 일어날 변화는 매우 클 것입니다. 극단적으로 학교가 사라질 것이라 예측하는 미래학자들도 있습니다. 우선 장소로서의 학교의 의미가 크게 퇴색될 것입니다. 미래에는 장소에 구애받지 않고 언제 어디서나 연결해 학습할 수 있게 될 것입니다. 지금도 세계 어느 지역에서건 미국 MIT나 하버드 대학의 명강좌를 무크MOOC를 통해 들을 수 있습니다. 이제 학교라는 공간에서의 수업은 줄어들고 온라인 교육이나 재택학습, 탐방학습이 늘어날 것입니다. 미래사회를 살아갈 아이들에게 온라인 교육은 이제 필수적입니다.

또한 학교 교육으로 평생을 살아가는 시대는 지났습니다. 현재도 대학에서 배운 지식만으로는 직장생활하기가 쉽지 않습니다. 대학이나 대학원을 졸업하고 취업해도 기업에서는 다시 재교육을 시킵니다. 미래에는 형식교육보다는 학교 교육 이외의 비형식교육의 비중이 점점 더 커질 것입니다.

낡은 지식은 새로운 지식으로 대체되고 있고 매일매일 새로운 지식과 기술이 쏟아지고 있습니다. 각각의 지식은 유효기간이 있어 일정한 시간이 지나면 새로운 지식으로 업데이트해줘야 합니다. 절대적인 지식은 줄어들고 상대적인 지식은 늘어나는 추세입니다.

지식의 중요성을 강조했던 미래학자 앨빈 토플러Alvin Toffler는 "21세기의 문맹은 글을 읽고 쓸 줄 모르는 사람이 아니라, 배우고, 배운 것을 일부러 잊고, 새로 배우는 것을 할 줄 모르는 사람"이라고 말했습니다. 일생 동안 배우고 새로 배우기를 거듭하는 평생교육을 강조한 말입니다. 단순한 정보나 지식은 모바일이나 온라인에서 검색해 보면 되므로 굳이 많이 것을 암기할 필요는 없습니다. 암기한 지식의 양보다는 지식의 질이 중요하며, 어떤 정보가 어디에 있는지, 어떻게 찾을 수 있는지를 아는 것이 필요합니다. 지식축적보다는 지식판별과 활용능력이 중요해졌습니다.

교육은 패러다임의 근본적 변화를 요구합니다. 미래교육은 지식 전달이 아니라 학습 방법과 학습의 즐거움을 가르쳐주는 데 중점을 둬야 합니다. 배고픈 사람들에게 지식이라는 식량을 나눠주는 것이 아니라 스스로 식량을 생산하는 방식을 가르쳐야 합니다. 인공지능이 더 잘하는 것을 굳이 사람이 할 필요는 없습니다. 전자계산기로 계산하면 될 것을 굳이 사람이 계산하고 암산할 필요가 없는 것과 마찬가지입니다. ICT와 인공지능을 다루는 소양을 가르치는 것 정도가 미래교육이 맡게 될 기본적 기능입니다.

인공지능 기계는 딥러닝, 머신러닝을 통해 자가학습이 가능한 단계에 이르렀습니다. 그렇다면 지식을 습득하고 데이터를 분석하는 것은 어차피 사람이 기계에 미치지 못합니다. 하지만 사람은 기계가 갖지 못하는 지혜와 방대한 지식을 꿰뚫어보는 통찰력을 가질 수 있습니다. 없는 것을 상상하고 문제 해결을 위해 창의성을 발휘하는 것은 인간이 잘하는, 매우 인간적인 능력입니다. 기계가 학습을 통해 창의적 문제해결법을 제안할 수도 있겠지만, 하릴없이 미래를 꿈꾸고 기발한 것을 상상할 수는 없습니다. 지성적 측면에서는 기계가 앞서겠지만, 감성영역은 언제까지고 인간의 영역으로 남을 것입니다. 어려운 학습과 힘든 노동에서 오히려 즐거움을 맛보고, 불의를 보면 분노하고, 아름다움을 보면 심취하는 감성은 인간의 고유한 속성입니다. 아프고 병들고 고통받는 이웃들을 위해 봉사하고 헌신하는 것, 위험에 처한 타인을 위해 자신의 목숨까지도 기꺼이 던질 수 있는 희생정신, 함께 사는 세상을 만들고자 하는 연대의식, 아름답고 인간적인 것에 대한 공감 등도 우주에서 유일한 사회적 동물인 인간의 전유물입니다.

미래교육은 지식을 전달하고 암기하는 방식의 교육이 아니라 삶의 지혜와 지식을 관통하는 통찰력을 길러주고, 또한 사회적 존재로서의 협동심, 소통, 공감 능력을 길러주는 교육이 되어야 합니다. _참조: 최연구(2017). 4차 산업혁명시대의 미래교육 예측과 전망

Tip   미래사회에 좋은 학습자란?

흔히 좋은 학습자를 우리는 'Good Learner'라고 합니다. 즉 어떠한 것을 잘 학습하는 사람입니다. '좋은'이라는 의미는 시대와 상황에 따라 달라질 수 있는 용어이기 때문에 명확하게 기술하기는 어렵지만, 과거의 전통적 교육에서 요구하는 학습자의 요건과는 다를 것입니다.

닐 포스트먼Neil postman과 찰스 바인가르트너Charles Weingartner(1971) 역시 좋은 학습자를 다음과 같이 규정하고 있습니다.

- 스스로 문제 해결을 즐긴다.
- 생존과 관련된 것이 무엇인지 안다.
- 학생 스스로 판단력에 의존한다.
- 잘못된 것을 두려워하지 않고, 필요할 때 생각을 유연하게 바꿀 수 있다.
- 답을 빨리 찾으려고 하기보다, 생각을 통해 전략을 생각한다.
- 상황 및 문제에 맞게 유연하고 적응가능하게 생각한다.
- 현재 자신이 가지고 있는 자료를 최대한 활용하여 문제를 해결한다.
- 직접 탐구를 통해 문제를 해결하는 것에 익숙하다.
- 모든 문제에 대해서 완벽한 해결책을 가질 필요는 없다고 생각한다.
- '나는 모르겠다.'라고 말하는 것에 절대 낙담하지 않는다.

과거와 달리 좋은 학습자는 더 이상 수동적인 존재가 아닙니다. 즉 학습자는 외

부에서 주어진 지식을 그대로 학습하지 않고 머릿속으로 끊임없이 지식을 받아들이기 위해 생각한다는 것입니다. 이것에 비추어 보았을 때 온라인 교육은 학습자 스스로 원하는 지식을 시간과 공간을 초월하여 고차원적 사고를 촉진하기 때문에 미래에 좋은 학습자를 만드는 최상의 조건을 갖추고 있다고 할 수 있습니다.

PART 2

학교 밖 즐거운 온라인 교육

집에서 무료로 내신을 정복할 수 있다!

 **"미래사회의 핵심역량인 스프트웨어 활용능력은
어떻게 준비할까요?"
"소프트웨어는 어디서 공부할 수 있을까요?**

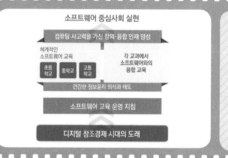

 **"점점 중요해지는 학교 공부 어떻게 준비할 수 있을까요?"
"무료로 집에서도 손쉽게 공부할 수 있는 방법이 있을까요?"**

소프트웨어 교육 및 학교 공부
혼자서도 문제없다

소프트웨어 교육은 2015 개정 교육과정 도입에 따라 2018년부터 중학교 1학년을 시작으로 2019년 초등학교 5·6학년과 중학교 2학년, 2020년 중학교 3학년으로 확대됩니다. 초등학교는 5학년 또는 6학년 실과 과목을 통해 17시간 이상, 중학교는 2018년부터 단계적으로 정보 과목을 통해 34시간 이상 소프트웨어 교육을 의무적으로 실시해야 합니다.

2019년부터 전면 도입되는 2015 개정 교육과정에서 설명하는 소프트웨어 교육의 목표는 컴퓨팅 사고력을 통한 문제해결 능력의 향상입니다. 컴퓨팅 사고력이라고 함은 컴퓨터가 문제를 해결하는 방식처럼 복잡한 문제를 단순화하고 이를 논리적·효율적으로 해결하는 능력을 말합니다. 컴퓨터 과학적 사고를 길러서 우리가 실생활에서 겪는 여러 문제를 컴퓨터가 일을 처리하는 것처럼 논리적으로 해결할 수 있도록 하는 것입니다. 더불어 논리적 사고력과 문제해결력을 함양하는 도구로써 소프트웨어를 도입하면서, 디바이스 활용능력과 나아가 4차 산업혁명에 걸맞은 인재를 키우기 위한 것이 목표입니다.

그런데 벌써부터 많은 학생과 학부모들은 소프트웨어 교육에 대해서 걱정을 하고 있습니다. 이런 이유로 많은 사교육 기관에서 앞다투어 코딩 교육을 도입하고, 학생들을 모집하고 있습니다. 하지만 소프트웨어를 교육에 도입하는 궁극적인 목표를 코딩으로 보기는 어렵습니다. 코딩은 소프트웨어 교육의 한 분야일 뿐이고, 교육 목표를 달성하기 위한 도구일 뿐입니다. 그래서 실제 교육과정 내에서의 코딩은 큰 비중을 차지하지 않고 대부분은 논리적 사고력의 향상과 언플러그드unplugged 놀이 위주로 구성되어 있습니다.

우리 주위에는 집에서 무료로 공부할 수 있는 다양한 플랫폼platform들이 많이 있습니다. 자신에게 필요한 학습 플랫폼을 선택해 활용한다면 새로운 교육과정과 본인의 성취 수준에 맞는 다양한 학습 자료를 통해 학교 내신을 관리할 수 있습니다. 수업시간에 배운 내용이나 앞으로 배우게 될 내용을 스스로 찾고, 부족한 영역은 반복 학습을 통해 채울 수 있습니다. 또한 다양한 평가 자료를 활용하여 학업 성취를 점검할 수 있습니다.

언플러그드unplugged
컴퓨터가 없어도 놀이처럼 재미있게 컴퓨터 과학의 개념과 원리를 배울 수 있는 학습 활동을 말합니다. 놀이를 하면서 자연스럽게 컴퓨터 시스템의 원리, 알고리즘, 프로그래밍의 개념을 익힐 수 있습니다.

플랫폼platform
본래 기차 정거장을 의미하는 용어로 현재는 많은 이용자가 이용하는 컴퓨터 프로그램이나 모바일 앱, 웹사이트 등을 통칭하는 의미로 사용됩니다.

소프트웨어야 놀자

'소프트웨어야 놀자'는 비영리단체인 커넥트 재단에서 만든 플랫폼입니다. 소프트웨어에 대한 전문적인 지식이 없어도 영상과 놀이로 소프트웨어에 대해서 손쉽게 배울 수 있도록 구성되어 있습니다. 이 플랫폼의 가장 큰 장점은 이 활동을 통해 소프트웨어에 관심이 생긴 학생들을 위해 자신의 지역에서 무료 소프트웨어 교육을 찾아서 배울 수 있도록 지원하고 있다는 점입니다. 내가 살고 있는 지역에서 양질의 무료 소프트웨어 교육을 체험해 볼 수 있습니다.

"범생이 NO... 문제 잘 내는 개발자가 뜬다."

문제풀이에 강한 명문대 컴퓨터공학과 출신 개발자와 관련 전공조차 이수하지 않은 개발자. 둘 중 더 쓸 만한 프로그램을 만드는 건 어느 쪽일까요?

전자라고 생각하기 쉽지만 넥슨의 인공지능(AI) 조직인 인텔리전스랩을 총괄하는 강대현 부사장의 시각은 다릅니다. 인간을 대신해 AI가 각종 문제를 해결하는 만큼 문제를 잘 풀기보다는 문제를 잘 내는 IT 개발자가 각광받을 것이라고 합니다.

네이버는 IT 교육 전문 사회공헌재단인 커넥트재단을 통해 다양한 무료 온·

오프라인 코딩 프로그램을 진행하고 있습니다. 이중 청소년 대상 프로그램인 '소프트웨어야 놀자'는 집이나 학교와 가까운 곳에서 강의를 하는 코딩 교사를 선택해 무료로 수업을 들을 수 있습니다. _참조: 비즈니스워치(2018. 08.14.)

첫 화면

이 영역에서는 난이도와 주제별로 컴퓨터의 시작부터 소프트웨어 교육의 필요성, 코딩하는 법, 사물을 활용한 피지컬 컴퓨팅까지 다양한 콘텐츠를 영상으로 만나 볼 수 있습니다.

시작: 프로그래밍을 하기 전 컴퓨터와 소프트웨어, 프로그래밍의 기초 개념 학습

기초: 소프트웨어의 중요성과 블록형 언어로 다양한 프로그램을 만들어 순차, 반복, 선택 구조와 변수, 리스트의 개념을 학습

응용: 블록형 언어로 함수와 탐색, 정렬 알고리즘을 익히고, 아두이노를 활용하여 간단한 피지컬 컴퓨팅을 경험

이 영역에서는 난이도와 주제별로 소프트웨어 제작원리를 엔트리를 활용한 블록코딩에서 칸 아카데미를 활용한 텍스트 코딩까지 기초부터 응용까지 배울 수 있습니다.

시작: 미션으로 순차, 반복, 선택 구조를 익히고 게임을 하듯이 소프트웨어
　　　를 만드는 원리를 학습

기초: 블록형 언어로 다양한 프로그램을 만들며 순차, 반복, 선택구조와 이
　　　벤트, 입-출력, 변수, 연산자 개념을 학습

응용: JavaScript, HTML, CSS와 같은 텍스트형 언어로 웹 페이지와 게임
　　　제작 방법을 학습

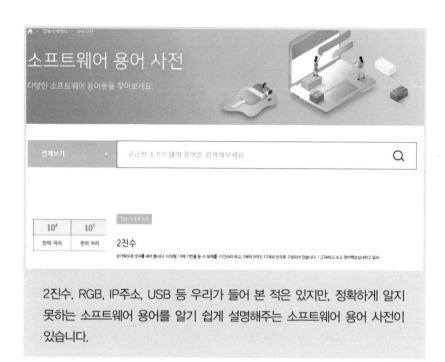

2진수, RGB, IP주소, USB 등 우리가 들어 본 적은 있지만, 정확하게 알지
못하는 소프트웨어 용어를 알기 쉽게 설명해주는 소프트웨어 용어 사전이
있습니다.

소프트웨어 수업 교재를 제공하고 있어, 스스로 소프트웨어를 공부하거나 자신이 배울 수업에 어떤 내용이 나오는지 알 수 있습니다.

가까운 지역의 소프트웨어 교육을 찾아서 무료로 만나볼 수 있습니다. 경험 있는 소프트웨어 교사들의 수업을 통해 소프트웨어의 재미를 느끼는 기회를 얻을 수 있습니다.

엔트리

https://playentry.org

엔트리는 엔트리 교육연구소에서 제공하는 누구나 무료로 소프트웨어 교육을 받을 수 있게 개발된 소프트웨어 교육 플랫폼입니다. 국내에서 개발되었기 때문에 인터페이스가 친숙하고, 설명이 자세해서 누구라도 쉽게 배울 수 있습니다.

코딩은 게임처럼 즐겁고 쉽게 배워야 한다.

2018년부터 정규교육과정에서 SW교육을 본격적으로 실시하고 있습니다. 2018년 중학교는 정보 교과에서 총 34시간 이상, 고교에서는 선택 교과에서 코딩 교육을 실시하고 있습니다. 2019년부터 초등 5~6학년 실과 교과에서 17시간 이상 코딩 수업이 진행됩니다. 특히 초등에서는 체험과 놀이 활동 중심 코딩 교육이 이루어집니다. 쉽고 재밌게 놀면서 컴퓨터 과학의 기본 개념이나 원리를 배우는 것은 물론 프로그래밍 언어로 문제해결 방법을 체험하는 형태입니다.

교육용 프로그래밍 언어인 '엔트리'는 누구나 무료로 코딩교육을 받을 수 있도록 개발된 교육 플랫폼입니다. 학습, 영상 등을 참고해 학생들이 스스로 프로그래밍 언어를 배울 수 있도록 구성되어 있습니다.

첫 화면 (구글 크롬에서 열기)

구성

저학년부터 중학교 이상까지 배울 수 있는 다양한 강의(초급, 중급)를 제공해 줍니다. 주위에 가르쳐주는 선생님이 없어도 각 강의에 대한 자세한 설명을 다운받아서 스스로 문제를 해결할 수 있습니다.

학습하기 〉 오픈 강의
선생님들이 직접 만드는 엔트리 학습 공간입니다. 강의에서 예시작품을 보고 작품을 만들며 배워 보세요.

학년 정보 ☐ 초등 1학년 ☐ 초등 2학년 ☐ 초등 3학년 ☐ 초등 4학년 ☐ 초등 5학년
☐ 초등 6학년 더보기

난이도 ☐ 쉬움 ☐ 중간 ☐ 어려움

사용요소 ☐ 순차 ☐ 반복 ☐ 조건반복 ☐ 선택 ☐ 방송 ☐ 이벤트 더보기

학습개념 ☐ 자료수집/분석/표현 ☐ 문제분해 ☐ 추상화 ☐ 알고리즘과 절차 더보기

연계 교과 ☐ 국어 ☐ 수학 ☐ 사회 ☐ 과학 ☐ 영어 ☐ 도덕 더보기

오픈 강의 영역에서는 기본으로 주어진 강의에 더하여 현직 선생님이 만든
오픈 강의를 통해서 더욱 많은 코딩 방법을 배울 수 있습니다.

공유하기 〉 작품 공유하기
엔트리로 총 4,424,800 개의 작품이 만들어졌습니다. 작품을 만들고 공유해 보세요.

전체 ▾ 최신 작품 ▾ 🔍

가시 피하기
from kangyh0722

끄투 beta(합작중)0.1…
from juny2010

물고기 추가
from kjm5273

공유하기 영역에서는 자신이 만든 작품을 다른 사람과 공유할 수 있고, 서
로의 작품을 실제로 실행해 보고 피드백할 수 있습니다. 더불어 다른 사람이
만든 작품의 코드를 보고, 따라 해보는 과정에서 논리적인 사고를 배울 수
있습니다.

엔트리는 블록 코딩을 통해서 텍스트 코딩을 자연스럽게 배울 수 있도록, 자신이 만든 블록 코딩을 파이썬 코드(텍스트 코딩 플랫폼)로 해석해서 보여줍니다. 블록 코딩을 통해서 코딩의 재미를 느낀 후, 더욱 전문적인 텍스트 코딩으로 넘어가는 과정을 도와줄 수 있는 플랫폼입니다.

레고 마인드 스톰 에듀케이션, 네오봇 엔트리, 비트블록, 센서보드, 아두이노, 햄스터 등 다양한 하드웨어와 손쉽게 연결하여 사용할 수 있습니다. 소프트웨어교육에서 하드웨어가 필요한 이유는 자신이 만든 프로그램이 구체적으로 어떻게 작용하는지 알고, 오류가 무엇인지 더욱 정확하게 파악할 수 있기 때문입니다. 더불어 입체적으로 표현되는 하드웨어를 통해 더욱 창의적인 사고력을 키울 기회를 얻을 수 있습니다.

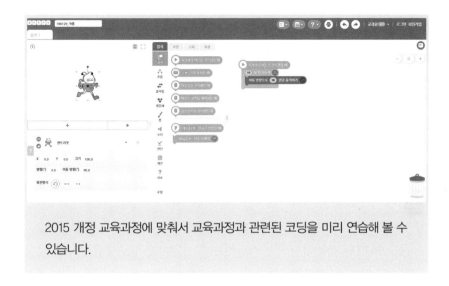

2015 개정 교육과정에 맞춰서 교육과정과 관련된 코딩을 미리 연습해 볼 수 있습니다.

코드닷오알지 Code.org

https://code.org

Code.org는 2013년 만들어진 비영리단체로 학생들에게 프로그램 코딩을 배울 기회를 제공해 주고 있습니다. 컴퓨터 프로그래밍 교육 캠페인 '코드의 시간(Hour of Code)'을 진행 중입니다. 프로그램 코딩을 학습자 수준에 맞춰서 다양한 방법으로 배울 수 있도록 구성되어 있습니다.

이 플랫폼의 가장 큰 장점은 자칫하면 어려울 수 있는 코딩을 학습자들에게 친숙한 마인크래프트, 스타워즈, 겨울왕국 등 다양한 콘셉트로 제공하여 학습자의 눈높이에 맞춰서 제공해 준다는 점입니다.

버락 오바마 전 미국 대통령은 코딩 교육을 제공하는 비영리단체 '코드닷오알지'를 방문해 "게임을 내려받는 것에 그치지 말고 직접 만들어 보라."고 말한 바 있습니다.

모든 학교의 모든 학생은 컴퓨터과학(정보과학)을 배울 기회가 있어야 합니다.

첫 화면 (구글 크롬에서 열기)

컴퓨터 과학 기초

Start learning an introduction to computer science on Code Studio with these 20 hour courses for all ages.

나의 최근 코스 보기 ›

과정1
4-6 세

과정1은 글을 이제 막 읽기 시작한 아이들을 대상으로 만들어졌습니다.

과정2
6세 이상 (읽기 요구됨)

과정2는 글을 읽을 수 있는 학생을 대상으로 만들어졌습니다.

과정3
8-18 세

과정3은 과정2의 다음 과정입니다.

과정4
나이 10세-13세

과정4는 과정2와 과정3을 먼저 완료했어야 합니다.

언플러그드 레슨

컴퓨터가 없다면, 이 언플러그드 수업을 시도해보세요!

강의 목록에서는 '컴퓨터 과학 기초'를 포함한 다양한 수준의 수업을 제공합니다. 자신의 수준에 맞는 과정을 통해 코딩에 대한 흥미를 느낄 수 있습니다. 시간이 없는 사람들을 위한 한 시간짜리 맞춤형 수업 'Hour of Code'도 제공하고 있습니다.

과정1

과정1은 컴퓨터 프로그래밍을 처음 이해하기 시작하는 사람들을 위한 과정으로, 다른 사람들과 협력하고, 문제 해결 능력을 계발하고 어려운 문제들에 도전할 수 있도록 하는 과정 입니다. 이 과정 통해 학생 스스로 자신만의 게임과 이야기들을 만들어 공유할 수 있습니다. K-1(초등 1학년) 학생들에게 권장합니다.

지금 시도 해보세요!	도움 받기

레슨 이름	진행도
1. 즐거운 맵	언플러그드 활동 (1)
2. 움직여 움직여	언플러그드 활동 (1)
3. 퍼즐 맞추기: 드래그와 드롭	(1) (2) (3) (4) (5) (6) (7) (8) (9) (10) (11) (12)

각 과정은 언플러그드 활동과 관련된 동영상을 보고, 문제를 해결하는 것부터 시작됩니다.

언플러그드 활동이 끝나면 관련된 내용을 친숙한 캐릭터를 활용한 블록코딩을 통해서 배울 수 있습니다. 블록코딩에 대해 잘 몰라도, 각 과정을 자세하게 설명해주기 때문에 쉽게 문제를 해결해 나갈 수 있습니다.

HOUR OF CODE

파트너들의 더 많은 활동

코딩의 시간 웹사이트에는 모든 연령·멋 모든 경험·수준에 맞도록 Code.org와 파트너들이 함께 개발한 100가지 이상의 컴퓨터 과학 활동이 준비되어 있습니다.

[활동 보기]

스타워즈

드로이드 프로그램을 배워보고, 자신만의 머나 먼 스타워즈 게임을 만들어보세요.

선생님 가이드 보기

겨울왕국

얼음의 마술과 아름다움을 탐구하는 안나, 엘사와 함께 코드를 사용하세요.

선생님 가이드 보기

Sports

Make a basketball game or mix and match across sports.

플래피 코드

10분 이내에 자신만의 게임을 만들어보고 싶은가요? 플래피 코드 튜토리얼을 시도해 보세요.

선생님 가이드 보기

고전 미로게임

컴퓨터과학(CS, 정보과학)의 기초/개념/원리들을 경험 해보세요. 수 백 만 가지를 가능하게 합니다.

선생님 가이드 보기

무한 Play Lab

Play Lab을 사용해서 디즈니 인피니티 캐릭터를 주연으로 하는 이야기나 게임을 만들어 보세요.

선생님 가이드 보기

Play Lab

Play Lab을 이용해 스토리나 게임을 만드세요!

선생님 가이드 보기

화가

예술가를 이용해 멋진 그림과 디자인을 만들어보세요!

선생님 가이드 보기

Text Compre...

In this lesson, students will use the Text Compression Widget to compress text by substituting patterns with symbols.

선생님 가이드 보기

간단한 암호화

Students will learn techniques to create and crack encrypted messages.

선생님 가이드 보기

조건

여기에 있는 카드덱을 활용한 "언플러그" 활동으로 알고리즘과 조건문에 대해서 배워보세요.

선생님 가이드 보기

컴퓨터 프로그래밍 교육 캠페인(Hour of code)으로 마인크래프트, 스타워즈, 겨울왕국 등 학생들에게 친숙한 캐릭터를 통해 학습자의 수준에 맞는 코딩을 접해 볼 수 있습니다.

Code Studio에서 자신만의 프로젝트를 만들어 공유하고, 다른 사람의 프로젝트를 확인할 수 있습니다.

스크래치

https://scratch.mit.edu

SCRATCH

스크래치는 MIT 미디어랩의 Lifelong Kindergarten Group에서 운영하는 무료 프로젝트로, 블록 코딩을 이용하여 코딩의 원리를 쉽게 배울 수 있는 플랫폼입니다. 엔트리와 달리 외국에 기반을 두고 있는 플랫폼이다 보니, 다양한 외국 사례를 참고해 볼 수 있다는 점이 큰 장점입니다. 또한 어려운 코딩을 처음 접할 때, 블록으로 배우니 쉽게 다가갈 수 있어 코딩에 대한 두려움을 줄일 수 있으며, 간단한 게임이나 애니메이션을 만드는 형식으로 진행되기 때문에 아이들의 집중도가 높은 편입니다.

　스크래치 프로그램은 미국 MIT 미디어랩에서 개발한 SW 교육용 도구입니다. C나 JAVA처럼 직접 타이핑하지 않고 프로그래밍 언어를 퍼즐 맞추듯이 옮기기만 하면 됩니다. 8~16세 학생들이 코딩의 원리를 쉽게 이해할 수 있도록 돕습니다. 스크래치는 전 세계적으로 가장 많이 사용되는 소프트웨어 교육용 도구중 하나입니다. 스크래치 교육에 대한 학생들의 선호도를 알 수 있는 것으로 구글에서 발표한 리서치 결과를 보면, 397명의 학생들을 대상으로 스크래치 수업을 진행한 후 설문 조사를 했는데, "프로그래밍을 좋아하니?"라는 질문에 교육전에는 48%가 "Yes"라고 응답했지만, 교육 후에는 69%로 그 수치가 급증했습니다. "나는 코딩으로 새로운 것을 만들 수 있어요."라고 대답한 학생은 교육 전에는 38%였지만 스크래치 교육 후에는 74%로 약 2배가량 올라갔습니다. _참조: 조선에듀(2018.03.22.)

첫 화면(구글 크롬에서 열기)

구성

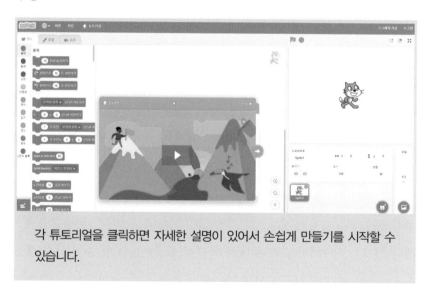

각 튜토리얼을 클릭하면 자세한 설명이 있어서 손쉽게 만들기를 시작할 수 있습니다.

탐험하기

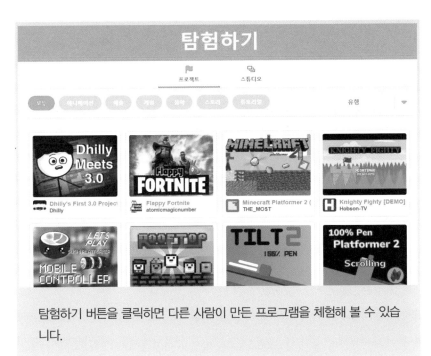

탐험하기 버튼을 클릭하면 다른 사람이 만든 프로그램을 체험해 볼 수 있습니다.

자신이 만든 프로그램을 다른 사람들과 공유하고 피드백을 받아, 프로그램을 인정받을 수 있습니다.

교실온닷

https://edu.classon.kr

교실온.💬

교실온닷은 실시간 양방향 화상 수업이 가능한 교수학습 플랫폼입니다. 기존의 녹화된 영상을 보는 동영상 강의가 아닌 자신이 원하는 강좌를 선택해서 정해진 시간에 쌍방향 소통이 가능한 실시간 강의를 제공해 줍니다. 꼭 필요한 수업을 멀리 찾아가지 않고, 집에서 쌍방향으로 소통하면서 들을 수 있는 것이 큰 매력입니다. 더불어 모든 강의를 현직 교사가 진행하기 때문에 학생부종합전형(학교생활기록부, 세부능력/특기 사항)에 활용할 수 있다는 것이 가장 큰 장점입니다. 2018년은 시범운영 기간으로 자신이 속한 시/도에서 개설한 수업만 수강할 수 있었지만, 장기적으로는 전국의 학생들이 시/도 구분 없이 원하는 과목의 수업을 들을 수 있게 발전해 나가려고 하고 있습니다.

2015 개정교육과정이 도입됨에 따라 학생들의 진로와 적성을 고려하여 다양한 교육과정을 제공해야 할 필요성이 증대되었습니다. 이에 학생의 과목 선택권을 보장하고 향후 도입될 고교학점제를 지원하기 위해 '온라인 공동교육과정-교실온닷'이 운영됩니다.

이제 시간과 장소의 제약 없이 온라인상으로 수업을 듣고, 토론, 과제수행 및 평가 등을 할 수 있는 '교실온닷'으로 전국의 고등학생들이 원하는 양질의 수업을 선택하여 들을 수 있게 된 것입니다.

첫 화면

구성

- 교사가 개설한 수업을 신청하는 것으로 강의에 참여할 수 있습니다. 고등학교 학년에 따라서 베트남어, 과학, 교육학, 영어, 문학 등 다양한 수업에 무료로 참여할 수 있습니다.
- 실시간 화상 수업에서는 단체 채팅과 교사 간의 채팅도 가능하고, 간단한 퀴즈를 풀면서 자유롭게 참가할 수 있습니다.

- 수업 시 궁금한 점은 발언권을 요청하여 교사에게 질의할 수도 있고, 판서 기능을 사용하여 화상 수업에 참여할 수 있습니다.
- 교사에 의해 그룹 토의도 할 수 있어, 다른 지역에 있는 학생들과 서로의 의견을 공유할 수 있습니다.
- 마이 홈을 통해서 출석률과 자신이 수강하고 있는 수업을 확인할 수 있고, 평가에 응시할 수 있고, 주어진 과제를 제출할 수 있습니다.
- 특이한 점은 배운 내용을 정리하여 마인드맵으로 제출해야 한다는 것입니다. 다른 프로그램 필요 없이 사이트 자체에서 자동 저장되는 마인드맵 프로그램을 통해서 배운 내용을 유목화하여 기억하고, 제출할 수 있습니다.

EBS MA+H

EBS MATH는 EBS에서 개발한 수학 자기주도학습 플랫폼입니다. 현재는 초등 3~6학년, 중등1~3학년 과정이 준비되어 있고, 단계적으로 초등 전 과정과 고등학교 과정까지 준비될 예정입니다. 영상 카드, 문제 카드, 웹툰 카드, 게임 카드로 구성된 4가지 유형의 콘텐츠를 제공하고 있습니다.

수학을 소재로 한 대중문화 콘텐츠가 속속 등장하고 있습니다. 수학 교과과정을 '덜 지겹게' 만들기 위해 애니메이션을 활용하는 정도였던 과거와 달리 최근에는 높은 완성도와 재미를 추구하는 추세입니다.

세미는 2014년 수학 교육 사이트 EBS Math의 수학 강의 동영상에서 강사를 맡았던 캐릭터입니다. 하지만 세미의 모험을 다룬 '세미와 매직큐브'에는 칠판이나 수학 공식이 등장하지 않습니다. 대신 수학적 사고력을 활용해 풀 수 있는 퀴즈가 이야기 전개의 열쇠가 됩니다. 최미란 PD는 "단순히 수학 교과과정을 가르치는 게 아니라, 스토리를 따라가면서 수학적으로 사고하는 즐거움을 느낄 수 있는 작품을 만들기 위해 애썼다."며 " '세미'는 학생뿐만 아니라 어른도 함께 즐길만한 애니메이션"이라고 말했습니다. _참조: 동아닷컴(2018.08.07)

첫 화면

구성

초등학교 및 중학교의 수학 내용을 테마와 게임으로 제공하고 있습니다.

테마별 수학 시리즈에서는 수학적 원리를 영상과 게임, 웹툰을 통해 배운 뒤, 관련된 카드와 관련된 학습 카드를 같이 제시하여 원리를 습득한 뒤, 바로 학습으로 연결할 수 있도록 구성되어 있습니다.

초등 수학 게임방에서는 4~6학년 수학 교육과정을 복습해 볼 수 있는 문제 세트와 관련된 세미 게임을 제공하고 있습니다.

중학 수학 카페에서는 통계와 그래프에 대해서 쉽게 배울 수 있도록 구성되어 있습니다. 이지 통계와 이지 그래프를 통해서 줄기와 잎, 도수 분포표, 통계 그래프 등 다양한 통계법과 그래프를 실제로 그려볼 기회를 제공하고 있습니다.

e학습터

http://cls.edunet.net

e학습터는 초·중학교 학생을 대상으로 교실수업 연계형 학습 지원 서비스로 기존에 16개 시도교육청에서 개별 운영하던 사이버학습을 하나로 모아 통합 서비스로 새롭게 거듭났습니다. 2015 개정 교육과정 중심의 국어, 사회, 수학, 과학, 영어에 대하여 다양한 학습자료와 평가문항을 제공합니다.

e학습터는 '2015 개정 교육과정'에 맞춘 교과학습, 평가문항, 기초튼튼 등을 신규 개발하고, 기존 EBS와 에듀넷, 유튜브, 디지털교과서 등에서 서비스하는 학습 동영상을 e학습터에서도 검색해 활용할 수 있도록 연계했습니다. 학생들이 가정에서 스스로 공부하거나, 교사들이 사이버학급을 개설하고 온·오프라인 수업에서 활용할 수 있는 다양한 인터넷 기반 학습관리 기능도 갖췄습니다.

e학습터는 에듀넷·티-클리어(www.edunet.net) 회원이라면 누구나 이용이 가능합니다. 에듀넷 회원가입이 어려운 경우, 임시 ID로 이용이 가능합니다. 임시 ID 발급은 학급 선생님께 요청하면 됩니다. e학습터의 다양한 학습자료로 스스로 배우고, 익히고, 해결하는 습관을 가질 수 있습니다. 학생이 자율적으로 원하는 콘텐츠를 활용하여 학습을 진행하는 형태로 스스로 학습이 가능합니다.

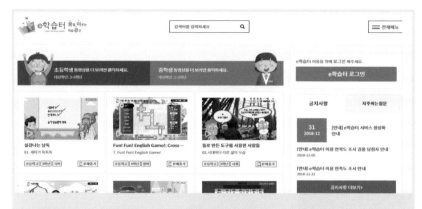

e학습터는 초등학교 3~6학년, 중학교 1~3학년으로 구성되어 있으며, 첫 화면으로 현재 가장 인기 있는 콘텐츠를 확인할 수 있습니다. 그리고 학년, 학기, 과목별로 수업에 관련된 동영상 학습 자료를 제공하고 있습니다.

영상 학습 자료에서는 정규교육과정에 맞춰서 차시가 구성되어 있고, 선생님들이 각 차시를 동영상 수업으로 진행해주고 있습니다. 더불어 정확한 학습을 위해 자막을 제공하고 있으며, 공부할 내용과 관련된 문제를 풀어보면서 배운 내용을 확인할 수 있습니다. 마지막으로 핵심 노트를 제공하여 배운 내용을 확실하게 정리할 수 있고, 이 노트를 다운받아서 학습 자료로 활용할 수 있도록 다운로드 서비스를 제공하고 있습니다.

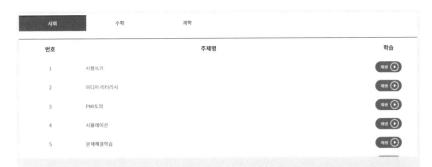

자신이 직접 자기 수준에 맞는 평가 콘텐츠를 만들어서 풀어 볼 수 있습니다. 국어·수학·과학·사회·영어와 관련된 난이도별 문제가 제공되고, 이 문제를 나만의 시험지로 만들어 시험을 보듯 문제를 해결하고 채점을 해 볼 수 있습니다. 채점 후에도 정확한 답을 알 수 있도록 관련 내용이 해설 동영상(QR 코드)과 풀이로 피드백이 되니 더욱 확실하게 배운 내용을 정리할 수 있습니다.

• 중학교 사회·수학·과학의 경우에는 서술 수행형 평가를 위한 비법을 제공해줍니다. PMI토론 기법, 미디어 리터러시, 그래프 분석, 수학 개념을 활용한 실생활 문제해결, 과학적 원리 탐구 등 다양한 주제의 동영상을 통해 중학교 서술형 수행평가를 대비할 기회를 제공하고 있습니다.
• 회원가입 후 진행하는 모든 학습, 평가는 자율학습(자율 평가, 자율 학습방)에 정리되어 있어, 자신의 실력을 한눈에 보고, 부족한 것을 보충할 기회를 얻을 수 있습니다.

늘배움

http://www.lifelongedu.go.kr

늘배움 플랫폼은 국가평생교육진흥원에서 여기저기 흩어져 있는 양질의 교육 콘텐츠와 평생학습 정보를 쉽게 이용할 수 있도록 평생학습 서비스를 종합하여 제공하는 '평생학습 종합포털'입니다. 안드로이드, IOS를 통해서 어디서든 손쉽게 접근할 수 있고, 우리 동네 배움터(오프라인 지역 정보)를 통하여 주변의 평생교육 시설 정보를 제공하고 있습니다.

'늘배움' 서비스는 그동안 평생교육정보 및 프로그램 등이 기관별로 분산돼 있어 학습자가 일일이 찾아봐야 하고 시간적·지리적 제약으로 평생학습에 참여하는 데 불편함을 해소하고자 마련되었습니다.

평생학습 참여 희망자는 '늘배움' 서비스를 통해 전국의 평생학습 정보 및 다양한 기관에서 제공하는 양질의 온라인 콘텐츠를 한 곳에서 볼 수 있고 시간과 장소에 구애받지 않고 원하는 콘텐츠를 바로 학습할 수 있게 되었습니다.

첫 화면

늘배움은 학습 분류와 학습 목적으로 구분하여 국내외 동영상을 제공하고 있습니다. 우리 동네 강좌 찾기를 통해 가까운 지역의 강좌를 검색하고, 참여할 수 있습니다.

온라인 학습은 동영상 강좌와 해외 강좌로 구분되어 있습니다. 동영상 강좌
에서는 학습 분류(기초문해, 학력보완, 직업능력, 문화예술, 인문 교양, 시민참여)
와 학습 목적(취업/창업, 스포츠, 외국어, 자격증, 음악/미술, 컴퓨터 등)으로 구
분하여 검색할 수 있습니다. 그리고 유튜브 EDU, TED EDU에서 제공하는
해외 강좌를 수강할 수 있습니다.

지역 학습 영역에서 우리 동네 강좌를 선택하면 주변 지역에서 진행되는 강좌를 세부지역, 학습 목적, 마감일을 설정하여 검색할 수 있습니다. 더불어 온라인 강좌와 달리 현장감을 느낄 수 있는 유·무료 오프라인 강좌를 들을 수 있으며, 우리 동네 배움터를 선택하면 지도를 통해 평생교육 시설을 검색할 수 있습니다.

무료 제공 사이트		
통계교육원	통계기초 및 활용, 빅 데이터 및 통계와 관련된 기본 소양 교육을 위한 무료 교육 사이트입니다.	https://sti.kostat.go.kr
발명교육포털 사이트	발명교육과 관련된 교수·학습자료, 학습참고자료, 역대 발명작품 수상작을 제공하는 무료 교육 사이트입니다.	https://www.ip-edu.net
크레존	전국의 다양한 창의적 체험활동 정보와 창의·인성교육 전문자료를 모두 만날 수 있습니다.	https://www.crezone.net
꿈길	학생들의 다양한 진로체험을 지원하기 위해, 지역사회의 다양한 진로체험처와 프로그램을 안내하고, 지원합니다.	https://www.ggoomgil.go.kr
커리어넷	진로심리검사 및 진로상담, 직업·학과 정보 등 진로·진학에 관한 다양한 교육 자료를 제공하고 있습니다.	https://www.career.go.kr
평화로 미래로	통일교육과 관련한 교수·학습자료를 제공하며, 북한바로알기 등 다양한 교육 자료를 제공하고 있습니다..	http://tongil.moe.go.kr
학교폭력예방 연구지원센터	학교폭력을 예방하고 안전한 학교문화를 형성하기 위해 다양한 교육 자료를 제공하고 있습니다.	http://stopbullying.kedi.re.kr
학교안전정보 센터	학교안전교육 활성화를 위해 7대 안전교육 표준안 자료 및 안전교육과 관련된 다양한 정보 및 콘텐츠를 제공하고 있습니다.	http://www.schoolsafe.kr
세바시 세상을 바꾸는 시간, 15분	다양한 분야의 초청 강사를 섭외하여 강의를 제공합니다. 세바시는 소통적, 힐링, 사회적 치유와 실제 생활에 대한 유용한 내용을 제공하고 있습니다.	세바시 홈페이지. https://www.sebasi.co.kr 세바시 유튜브. https://goo.gl/V88B4Z
Satrfall	영어 알파벳부터 파닉스, 읽기, 쓰기, 노래, 기념일에 대한 이야기 등 다양한 영어 관련된 활동을 제공하고 있습니다.	https://www.starfall.com
ABCYa	게임을 통해 영어를 재미있고, 쉽게 배울 수 있도록 다양한 자료를 제공하고 있습니다.	https://www.abcya.com
LG 사이언스 랜드	어려운 과학을 노래, 퀴즈, 게임, 만화를 통해 배울 수 있도록 다양한 자료를 제공하고 있습니다.	http://lg-sl.net/home.mvc

청소년 기업가 체험 프로그램	(YEEP; Youth Entrepreneurship Experience Program) 모든 청소년들에게 4차 산업혁명으로 대변되는 미래 직업세계의 변화에 대응한 창의적 진로 개발 역량 강화를 위하여 기업가정신과 창의성을 기를 수 있는 온. 오프라인 융합형 창업체험교육 프로그램을 제공하고 있습니다.	https://yeep.kr/main/main.do
앙트십스쿨	창업가처럼 기회를 발견하고, 창업가처럼 문제를 해결하는 문제해결인재를 길러내는 기업가정신 교육서비스를 제공하고 있습니다.	https://www.entshipschool.com
유쓰망고	청소년 체인지메이커 무브먼트를 촉진하는 비영리단체, 유쓰망고는 "망설이지 말고, Go!" 행동하는 청소년들과 지지하는 어른들의 플랫폼입니다.	https://blog.naver.com/youthmango
에듀넷 · 티-클리어어	학교에서 배우는 교과자료부터 소프트웨어, 주제별 사진 및 동영상 자료까지 다양한 콘텐츠를 제공하고 있습니다.	http://www.edunet.net

유료 제공 사이트		
K5 Learning	학년별로 배우는 교육과정과 관련된 내용이 다양한 문제 형태로 제공되고 있습니다.	https://www.k5learning.com
아이스크림 홈런	초등학교 교과목에 대한 다양한 문제가 제공되어 있으며, 자녀의 학습 수준에 맞춰 문제가 제공되고 있습니다.	https://www.home-learn.co.kr
클래스팅 러닝	교학사, EBS 등 다양한 문제를 개인별 맞춤학습을 제공하여 자녀의 학습 수준을 진단할 수 있는 리포트를 제공하고 있습니다.	https://learning.classting.com

PART 3

전 세계 석학들을
눈앞에서 만나다

자기주도력을 키우는
'칸 아카데미'

scene1 "내 능력에 맞춰 주는 수학 선생님"
"내가 잘하는 것과 못 하는 것을 알 수 있는 학습"

scene2 수학과 영어를 동시에?

- **수학이 어려운 초등학생**
  "곧 6학년이 되는데, 5학년 때 수학이 어려워지더니 이제는 학교에서 수업을 따라가기도 힘들어요."

- **외국 학교 진학을 목표로 준비하고 있는 중학생**
  "여러 가지 진로 중에서 외국 학교로 진학하여 공부해 보고 싶은 생각이 있는데, 어떻게 준비할 수 있을까요?"

칸 아카데미 Khan Academy

'수학' 하면 무슨 단어가 떠오르나요? 수학만 생각하면 머리가 아픈가요? '수학을 포기한 자' 어떤가요? 내 일 같지 않나요? 하지만 수학이 어렵고, 힘들다고 해서 손 놓고 자연스럽게 '수포자'가 되기에는 수학이 성적에서 미치는 영향이 너무 큽니다. 효과적이면서도, 재미있게 수학을 배울 수 있는 칸 아카데미Khan Academy를 활용한다면 수학을 좀 더 쉽고, 즐겁게 배울 수 있습니다.

수학이 쉬워지니 영어에도 관심이 생긴다고요? 그렇다면 잘 찾아 왔습니다. 칸 아카데미Khan Academy는 2006년 살만 칸Salman Khan이 만든 비영리 교육 서비스입니다. 초·중·고교 수준의 수학, 화학, 물리학부터 컴퓨터 공학, 금융, 역사, 예술까지 18,000여 개의 영어로 된 동영상 강의를 제공하고 있으며, 미국 내 2만여개 학급에서 교육 자료로 쓰이고 있습니다. 어때요, 영어로 듣는 수학·과학 수업, 수업하면서 저절로 영어 실력도 상승할 것 같지 않나요?

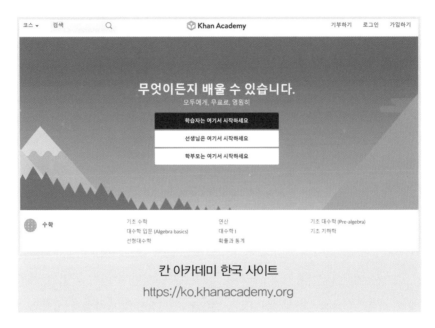

칸 아카데미 한국 사이트

https://ko.khanacademy.org

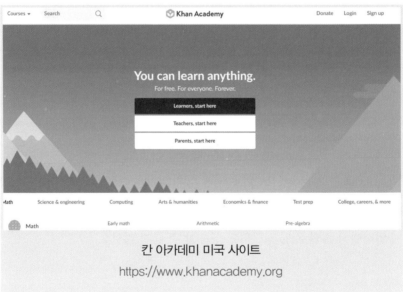

칸 아카데미 미국 사이트

https://www.khanacademy.org

(칸 아카데미는 인터넷 익스플로러를 지원하지 않음. 구글 크롬에서 열기)

한국 칸 아카데미와 미국 칸 아카데미

한국 칸에는 수학·컴퓨팅 과정이 번역되어 있는 반면 미국 칸에는 과학·기술·미술·역사 경제·텝스(SAT, LSAT, MCAT) 등이 있습니다. 그런데 현재 칸 아카데미에서 제공되는 수학 콘텐츠는 한국 교육과정과 맞지 않습니다. 현재 칸 아카데미와 지속적인 교류를 통해 한국 교육과정에 맞는 칸 아카데미를 구축할 수 있도록 협약을 준비하고 있습니다.

칸 아카데미,
무엇이 다를까?

칸 아카데미는 기존의 다른 학습 플랫폼과는 다른 고유의 특성이 있습니다. 칸 아카데미를 학습하는 결과에 따라서 수준에 맞는 학습 자료를 제공하는 LMS 시스템을 갖추고 있기 때문입니다. 쉽게 말하면 내가 무엇을 잘하는지, 힘들어하는지 파악하고 더 쉬운 문제나 어려운 문제를 자동으로 제공합니다. 이런 특성 때문에 학습자는 자신의 수준을 쉽게 파악할 수 있고, 진도를 조절할 수 있습니다.

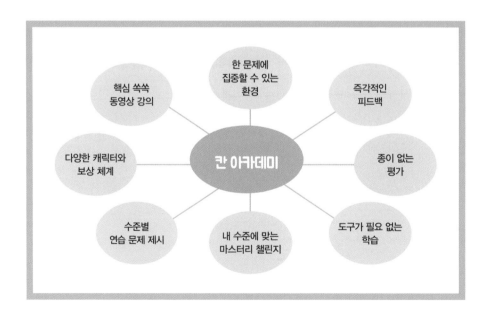

LMS란?

LMS(Learning Management System)란 온라인으로 성적과 진도, 출석 등을 관리해주는 시스템으로, 그 중 칸 아카데미는 학습자의 수준에 맞춰서 보충 심화 자료를 자동으로 제공해주는 학습 플랫폼입니다.

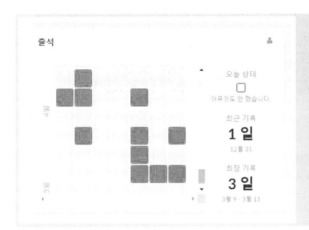

칸 아카데미는 지속적으로 출석을 관리해 줍니다.

자신의 실력을 한눈에 파악할 수 있습니다.

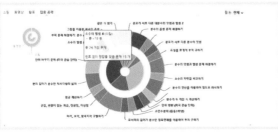

스스로 부족한 부분을 파악하여 집중적으로 공부할 수 있도록 관리해 줍니다.

이 피자를 2등분
해 봅시다

▶ 🔊 0:02 / 4:17   🔲 ⚙ ⛶

다음 동영상

간단하게 설명만 하고, 똑같지만 미묘하게 달라서 힘들었던 10문제, 20문제, 문제만 쭉~ 있는 수학 문제집이 힘들었나요? 자, 여기 칸 아카데미 통치 약이 있습니다. 칸 아카데미는 문제풀이에만 집중된 문제집과 달리 문제를 푸는 과정을 설명해주는 동영상 강의를 통해서 모르는 개념을 천천히 이해할 수 있게 해줍니다.

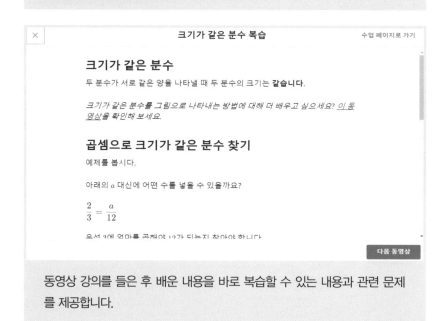

크기가 같은 분수

두 분수가 서로 같은 양을 나타낼 때 두 분수의 크기는 **같습니다**.

크기가 같은 분수를 그림으로 나타내는 방법에 대해 더 배우고 싶으세요? 이 동영상을 확인해 보세요.

곱셈으로 크기가 같은 분수 찾기

예제를 봅시다.

아래의 a 대신에 어떤 수를 넣을 수 있을까요?

$$\frac{2}{3} = \frac{a}{12}$$

우선 3에 얼마를 곱해야 12가 되는지 찾아야 합니다.

다음 동영상

동영상 강의를 들은 후 배운 내용을 바로 복습할 수 있는 내용과 관련 문제를 제공합니다.

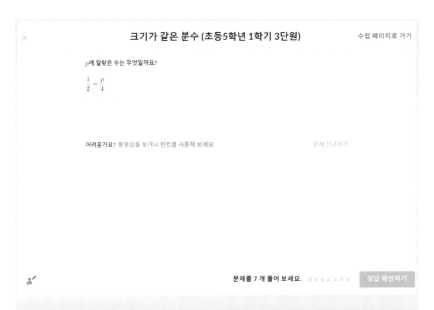

크기가 같은 분수 (초등5학년 1학기 3단원)

수업 페이지로 가기

p에 알맞은 수는 무엇일까요?

$$\frac{1}{2} = \frac{p}{4}$$

어려운가요? 동영상을 보거나 힌트를 사용해 보세요.

문제 신고하기

문제를 7개 풀어 보세요. ○ ○ ○ ○ ○ ○ ○   정답 확인하기

한 페이지에 10문제씩 꽉꽉 차 있는 문제집을 보자마자, 한숨부터 쉰 적 있나요? 칸 아카데미는 다릅니다. 한 화면에 많은 문제가 나오지 않고, 한 문제만 나오기 때문에 문제 수에 질리지 않고 한 문제에 집중하여 해결할 수 있습니다. 시간 안에 풀어야 하는 문제집, 시험 압박감 때문에 자신의 실력을 발휘하기 힘들다고요? 칸 아카데미는 학습자를 기다려줍니다. 연습 문제에 시간제한이 없으므로 시간에 구애받지 않고 자신의 속도에 맞춰 문제를 해결할 수 있습니다.

p에 알맞은 수는 무엇일까요?

$$\frac{1}{2} = \frac{p}{4}$$

2

잘했어요! 단계별 풀이 보기

p에 알맞은 수는 무엇일까요?

$$\frac{1}{2} = \frac{2}{p}$$

2

어려운가요? 동영상을 보거나 힌트를 사용해 보세요.

1 / 6   왼쪽의 분수는 직사각형 피자 2조각 중 1조각을 나타냅니다.

2 / 6   같은 양의 피자를 2조각으로 받으려면 피자 전체를 몇 조각으로 나눠야 할까요?

3 / 6   피자를 4조각으로 나눠야 합니다.

4 / 6 $\frac{1}{2} = \frac{2}{4}$이므로 답은 4입니다.

5 / 6   답을 구하는 또 다른 방법은 $\frac{2}{2}$를 곱하는 것입니다.

$\frac{2}{2} = \frac{1}{1} = 1$이므로 결국 1을 곱하는 것과 같습니다.

6 / 6   **마지막 식이 $\frac{1}{2} \times \frac{2}{2} = \frac{2}{4}$이므로 답은 4입니다.**

관련 콘텐츠

크기가 같은 분수 더 알아보기
▶ 4:54

문제를 풀다가 이 문제의 답이 틀렸는지 맞는지 몰라서 답지를 보다가 다음 문제 답을 미리 보고 허탈한 적이 있었나요. 칸 아카데미는 빠릅니다. 문제를 푼 후 즉각적인 피드백을 제공함으로써, 틀린 문제에 대한 힌트와 관련된 콘텐츠를 통해 다시 공부할 수 있는 영상을 제공받을 수 있습니다.

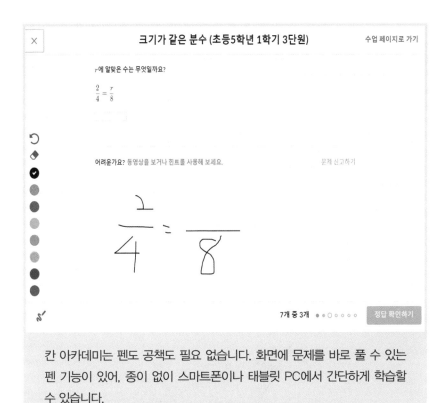

r에 알맞은 수는 무엇일까요?

$$\frac{2}{4} = \frac{r}{8}$$

어려운가요? 동영상을 보거나 힌트를 사용해 보세요.　　　　　문제 신고하기

$$\frac{2}{4} = \frac{}{8}$$

7개 중 3개　● ● ○ ○ ○ ○ ○　　정답 확인하기

칸 아카데미는 펜도 공책도 필요 없습니다. 화면에 문제를 바로 풀 수 있는 펜 기능이 있어, 종이 없이 스마트폰이나 태블릿 PC에서 간단하게 학습할 수 있습니다.

주어진 원의 넓이를 구하세요.
정답은 π 를 사용해서 나타내거나 π 를 3.14 로 계산한 후 소수로 나타내세요.(단위는 cm 입니다.)

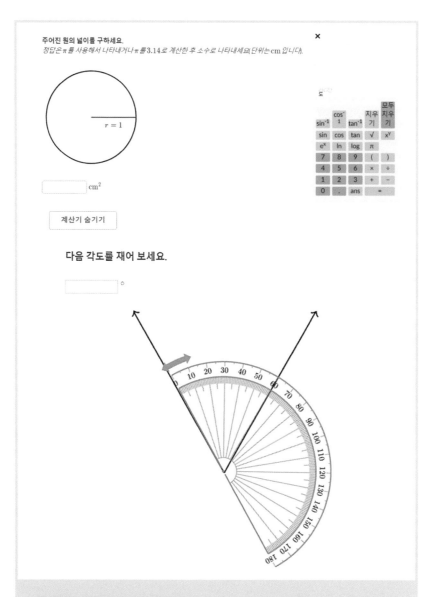

$r = 1$

[＿＿＿＿] cm²

[계산기 숨기기]

다음 각도를 재어 보세요.

[＿＿＿＿] °

문제집 한 권 해결하기 위해 각도기, 계산기 등, 참 문제집 한번 풀기 힘듭니다. 칸 아카데미는 간단합니다. 문제의 종류에 따라 각도기, 계산기 등 다양한 수학 도구들을 바로 사용할 수 있습니다. 그래서 특별한 도구 없이 학습에 손쉽게 참여할 수 있습니다.

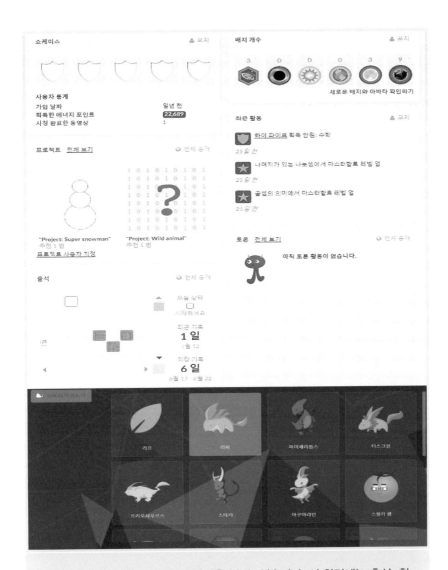

칸 아카데미는 나만의 프로필 화면을 볼 수 있습니다. 이 화면에는 출석, 획득한 배지, 최근 활동, 프로젝트 등 다양한 내용을 한눈에 볼 수 있습니다. 문제만 풀고 아무런 보상이 없어서 심심하다고요? 칸 아카데미에는 살만 칸만 가질 수 있는 배지가 있습니다. 미래의 살만 칸 내가 될 수 있지 않을까요? 영상을 보거나, 문제를 풀 때마다 에너지 포인트, 배지 등 다양한 보상을 통해 즐겁게 배울 수 있습니다.

4 개의 스킬을 레벨업 하였습니다

잘했습니다!

진도			획득한 총 에너지 포인트
✓ 받아올림이 없는 두 자리 수의 덧셈	연습 필요 → 레벨 1		**550**
✓ 길이 측정하기2	연습 필요 → 레벨 1		
✗ 두 자리 수나 세 자리 수 빼기 (받아내림 없음)	연습 필요 → 연습 필요		**250** 문제를 풀어서 얻은 포인트
✓ 100보다 작은 수의 덧셈	연습 필요 → 레벨 1		6개의 문제 중 83%가 맞힘
✓ 십의 자리와 백의 자리의 뺄셈 (받아내림 없음)	연습 필요 → 레벨 1		**300** 문제를 완료하여 얻은 포인트
✓ 두 자리 수와 세 자리 수 더하기 (받아올림 없음)	연습 필요 → 연습 필요		문제 풀기를 완료하여 얻은 보너스 포인트

다음 과제로 이동하기 →

'그래, 이 정도면 완벽할 거야.' 자신에게 암시를 걸며 수학을 공부한 적이 있나요? 칸 아카데미는 다양한 수준을 제공합니다. 마스터리 챌린지를 통해 각 스킬을 〈연습 완료, 레벨 1, 레벨 2, 마스터 레벨〉로 구분하여 학습 수준에 맞춰 자동으로 제공해 주고 있습니다.

이렇게 하면 된다.
칸 아카데미 레시피

1. 회원가입 및 로그인을 합니다.
2. 학습하고 싶은 영역을 선택합니다.
3. 학습하고 싶은 내용과 관련된 영상을 보거나, 연습 문제를 풀어봅니다.
4. 자신감이 붙었으면 마스터리 챌린지에 도전해 봅니다.

1. 칸 아카데미 들어가기 - 회원가입 및 로그인

인터넷 검색창에 https://ko.khanacademy.org 주소를 입력하면 다음과 같은 화면
이 나옵니다.

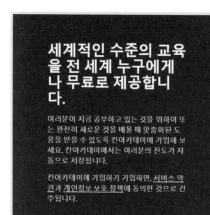

1. 회원가입 – 13세 미만 학습자는 이메일이 없어도 부모가 가입을 도와줄 수 있습니다.

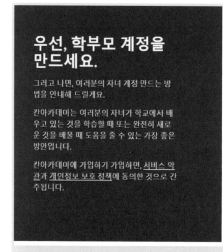

2. 13세 이상 학습자, 학부모님은 구글과, 페이스북으로 가입할 수 있습니다.

3. 자신이 학습하고 싶은 영역을 선택하고, 관련 영상을 보거나, 연습 문제를
해결합니다.

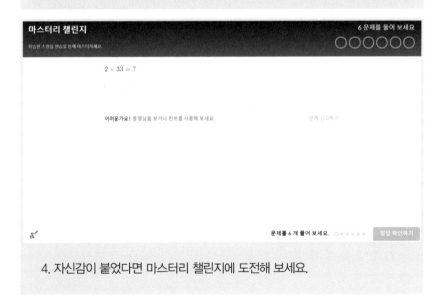

4. 자신감이 붙었다면 마스터리 챌린지에 도전해 보세요.

칸 아카데미의 장점을 느꼈다면 이제 실제로 해봐야겠지요? 이것만 알면 훌륭한 칸 아카데미 요리사가 될 수 있습니다.

1. 코스 – 수학(영역별), 과학, 기술, 역사, 경제 등 주제별로 구분해서 알 수 있습니다.

수학	미국 학년별 수학	컴퓨팅
기초 수학	미국 유치원	컴퓨터 프로그래밍
연산	미국 1학년	컴퓨터과학
기초 대수학 (Pre-algebra)	미국 2학년	아워 오브 코드
대수학 입문 (Algebra basics)	미국 3학년	
대수학 I	미국 4학년	
기초 기하학	미국 5학년	
선형대수학	미국 6학년	
확률과 통계	미국 7학년	
	미국 8학년	

한국 칸 아카데미는 수학과 컴퓨팅 과정을 제공하고 있습니다.

Math	Math by grade	Science & engineering	Computing	Test prep
Early math	Kindergarten	Physics	Computer programming	SAT
Arithmetic	1st grade	AP Physics 1	Computer science	LSAT
Pre-algebra	2nd grade	AP Physics 2	Hour of Code	MCAT
Algebra 1	3rd grade	Cosmology & astronomy	Computer animation	GMAT
Geometry	4th grade	Chemistry		IIT JEE
Algebra 2	5th grade	AP Chemistry	Arts & humanities	NCLEX-RN
Trigonometry	6th grade	Organic chemistry		
Precalculus	7th grade	Biology	World history	College, careers, & more
Statistics & probability	8th grade	High school biology	US history	
AP® Calculus AB	Illustrative Mathematics	AP Biology	AP US History	College admissions
AP® Calculus BC	Eureka Math/EngageNY	Health & medicine	Art history	Careers
AP® Statistics	High school	Electrical engineering	Grammar	Personal finance
Multivariable calculus				Entrepreneurship
Differential equations			Economics & finance	Growth mindset
Linear algebra			Microeconomics	
			Macroeconomics	
			Finance & capital markets	

미국 칸 아카데미(통계, 미적분, 미분 방정식 등 고차원적인 수학과, 다양한 과목이 있음.)

2. 코스 요약 – 내가 선택한 코스에 대해서 전체적인 모습을 알 수 있습니다.

3. 수업 – 코스 요약에서 자신이 공부하고 싶은 수업을 클릭하면 관련된 동영상과 복습 문제, 연습 문제를 확인할 수 있습니다.

4. 마스터리 챌린지 – 선택한 과목에 맞춰서 웜 업 문제와 마스터리 챌린지에 참가할 수 있습니다. 마스터리 챌린지에서는 자신의 수준에 맞춰서 연습 완료, 레벨 1, 레벨 2, 마스터 레벨의 문제를 자동으로 제공해줍니다.

미국 칸 들어가는 방법

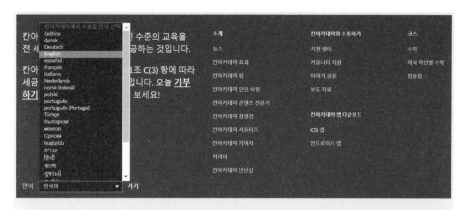

화면 하단에 있는 언어를 클릭해서 영어를 선택하면 미국 칸으로 이동할 수 있습니다. 칸 아카데미는 전 세계 20여 개의 언어로 번역되어 있으므로, 자신이 공부하고 싶은 언어를 선택하면 그 언어로 된 학습 페이지와 동영상을 볼 수 있습니다. 과학을 공부하면서 동시에 내가 공부하고 싶은 언어를 공부할 기회를 얻을 수 있습니다.

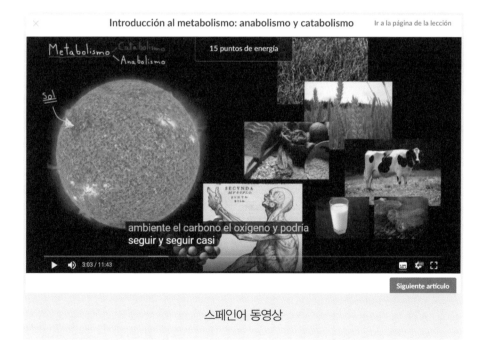

스페인어 동영상

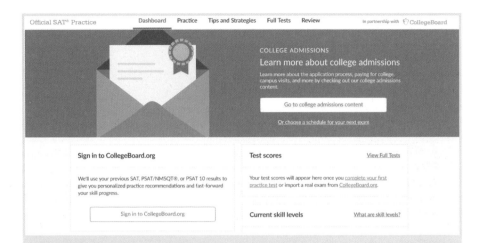

더 넓은 배움을 위해 미국으로 유학 가려고 하는데, 돈도 비싸고, 어떻게 준비해야 할지 모르겠다고요? 칸 아카데미는 무료입니다. SAT, LSAT, MCAT, GMAT, IIT JEE, NCLEX-RN 등 미국 유학에 필요한 시험을 준비할 수 있습니다. 또한, 커리큘럼이 공식적으로 인증되어 있고, 출석부터 피드백까지 체계적으로 관리해주는 기능이 있습니다. 그리고 오늘 공부한 시간과 문제를 알려주고, 스스로 부족한 점을 메울 수 있는 기능까지 갖추고 있습니다.

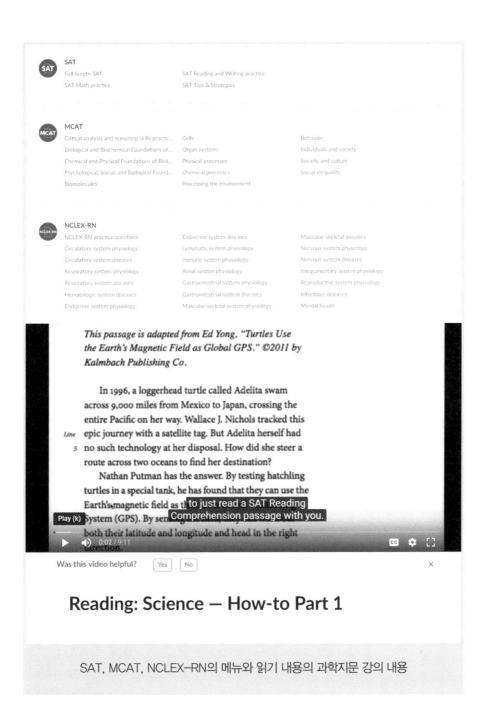

SAT

Full-length SAT   SAT Reading and Writing practice

SAT Math practice   SAT Tips & Strategies

MCAT

Critical analysis and reasoning skills practic...   Cells   Behavior

Biological and Biochemical Foundations of ...   Organ systems   Individuals and society

Chemical and Physical Foundations of Biol...   Physical processes   Society and culture

Psychological, Social, and Biological Found...   Chemical processes   Social inequality

Biomolecules   Processing the environment

NCLEX-RN

NCLEX-RN practice questions   Endocrine system diseases   Muscular-skeletal diseases

Circulatory system physiology   Lymphatic system physiology   Nervous system physiology

Circulatory system diseases   Immune system physiology   Nervous system diseases

Respiratory system physiology   Renal system physiology   Integumentary system physiology

Respiratory system diseases   Gastrointestinal system physiology Reproductive system physiology

Hematologic system diseases   Gastrointestinal system diseases   Infectious diseases

Endocrine system physiology   Muscular-skeletal system physiology Mental health

This passage is adapted from Ed Yong, "Turtles Use the Earth's Magnetic Field as Global GPS." ©2011 by Kalmbach Publishing Co.

In 1996, a loggerhead turtle called Adelita swam across 9,000 miles from Mexico to Japan, crossing the entire Pacific on her way. Wallace J. Nichols tracked this
Line epic journey with a satellite tag. But Adelita herself had
5 no such technology at her disposal. How did she steer a route across two oceans to find her destination?

Nathan Putman has the answer. By testing hatchling turtles in a special tank, he has found that they can use the Earth's magnetic field as t|to just read a SAT Reading System (GPS). By sen|Comprehension passage with you.
both their latitude and longitude and head in the right direction.

Play (k)

▶ 🔊 0:02 / 9:11   CC ⚙ ⛶

Was this video helpful?   [Yes] [No]   ✕

Reading: Science — How-to Part 1

SAT, MCAT, NCLEX–RN의 메뉴와 읽기 내용의 과학지문 강의 내용

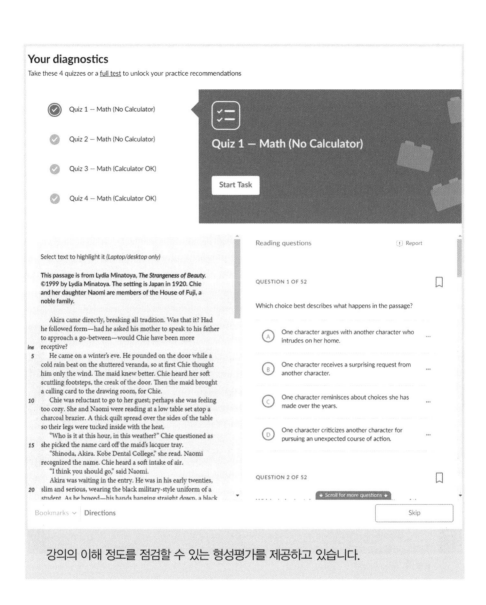

Your diagnostics

Take these 4 quizzes or a _full test_ to unlock your practice recommendations

- ✓ Quiz 1 — Math (No Calculator)
- ✓ Quiz 2 — Math (No Calculator)
- ✓ Quiz 3 — Math (Calculator OK)
- ✓ Quiz 4 — Math (Calculator OK)

Quiz 1 — Math (No Calculator)

Start Task

Select text to highlight it _(Laptop/desktop only)_

This passage is from Lydia Minatoya, _The Strangeness of Beauty_. ©1999 by Lydia Minatoya. The setting is Japan in 1920. Chie and her daughter Naomi are members of the House of Fuji, a noble family.

Akira came directly, breaking all tradition. Was that it? Had he followed form—had he asked his mother to speak to his father to approach a go-between—would Chie have been more
line receptive?
5   He came on a winter's eve. He pounded on the door while a cold rain beat on the shuttered veranda, so at first Chie thought him only the wind. The maid knew better. Chie heard her soft scuttling footsteps, the creak of the door. Then the maid brought a calling card to the drawing room, for Chie.
10   Chie was reluctant to go to her guest; perhaps she was feeling too cozy. She and Naomi were reading at a low table set atop a charcoal brazier. A thick quilt spread over the sides of the table so their legs were tucked inside with the heat.
    "Who is it at this hour, in this weather?" Chie questioned as
15 she picked the name card off the maid's lacquer tray.
    "Shinoda, Akira. Kobe Dental College," she read. Naomi recognized the name. Chie heard a soft intake of air.
    "I think you should go," said Naomi.
    Akira was waiting in the entry. He was in his early twenties,
20 slim and serious, wearing the black military-style uniform of a student. As he bowed—his hands hanging straight down, a black

Bookmarks ∨   Directions

Reading questions   ⚑ Report

QUESTION 1 OF 52

Which choice best describes what happens in the passage?

- Ⓐ   One character argues with another character who intrudes on her home.
- Ⓑ   One character receives a surprising request from another character.
- Ⓒ   One character reminisces about choices she has made over the years.
- Ⓓ   One character criticizes another character for pursuing an unexpected course of action.

QUESTION 2 OF 52

↓ Scroll for more questions ↓

Skip

강의의 이해 정도를 점검할 수 있는 형성평가를 제공하고 있습니다.

$$9\left(r - r^{\frac{1}{2}}\right) = -3r^{\frac{1}{2}} - 5r$$

What are all the possible values of r that satisfy the equation above?

(A)   0 only   ...

(B) $\frac{3}{7}$ only   ...

(C)   0 and $\frac{9}{49}$ ...

(D)   0 and $\frac{49}{9}$ ...

(E)   I would be guessing.   ...

[Start Prewriting]   [**Start Writing**]

Assignment   View Rubric

SAT Essay Practice: Jimmy Carter

For help getting started with Revision Assistant, visit the **quick start guide**.

Here's your essay practice prompt:

As you read the passage below, consider how Jimmy Carter uses:

- **Evidence, such as facts or examples, to support claims.**

- **Reasoning to develop ideas and to connect claims and evidence.**

- **Stylistic or persuasive elements, such as word choice or appeals to emotion, to add power to the ideas expressed.**

Write an essay in which you explain how Jimmy Carter builds an argument to persuade his audience that the Arctic National Wildlife Refuge should not be developed for industry. In your essay, analyze how Carter uses one or more of the features listed above (or features of your own choice) to strengthen the logic and persuasiveness of his argument. Be sure that your analysis

SAT와 관련된 수학, 읽기와 쓰기, 에세이 작성까지 동영상과 테스트를 통해 공식적으로 인증된 교육을 받을 수 있습니다.

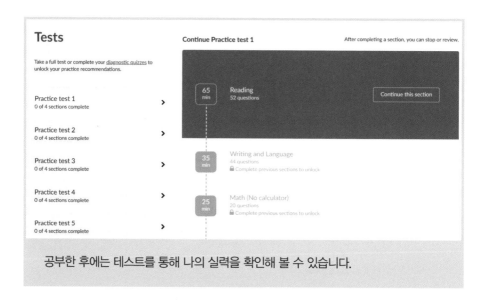

공부한 후에는 테스트를 통해 나의 실력을 확인해 볼 수 있습니다.

+PLUS

SAT 대학에 등록만 해도 e-메일로 매일 문제를 제시하면서 학습을 격려하고, 지원해줍니다.

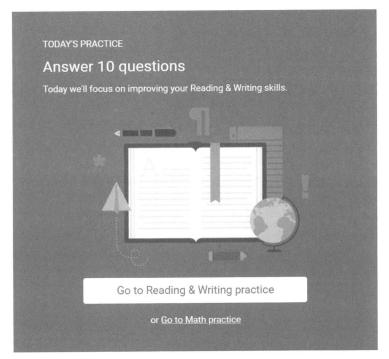

	Khan Academy	받은편지함	**Today: Answer 10 SAT questions** - Your SAT goal for today is to answer 10 practice questions. Today we'll focus on imp...	18. 8. 21.
	Khan Academy	받은편지함	**Today: Answer 10 SAT questions** - Your SAT goal for today is to answer 10 practice questions. Today we'll focus on imp...	18. 8. 20.
	Khan Academy	받은편지함	**Today: Answer 10 SAT questions** - Your SAT goal for today is to answer 10 practice questions. Today we'll focus on imp...	18. 8. 17.
	Khan Academy	받은편지함	**Today: Answer 10 SAT questions** - Your SAT goal for today is to answer 10 practice questions. Today we'll focus on imp...	18. 8. 16.
	Khan Academy	받은편지함	**Today: Answer 10 SAT questions** - Your SAT goal for today is to answer 10 practice questions. Today we'll focus on imp...	18. 8. 15.
	Khan Academy	받은편지함	**Today: Answer 10 SAT questions** - Your SAT goal for today is to answer 10 practice questions. Today we'll focus on imp...	18. 8. 14.
	Khan Academy	받은편지함	**Today: Answer 10 SAT questions** - Your SAT goal for today is to answer 10 practice questions. Today we'll focus on imp...	18. 8. 13.
	Khan Academy	받은편지함	**Today: Take a full practice SAT** - Your SAT goal for today is to take a full practice test. Get your new score estimate and...	18. 8. 11.
	Khan Academy	받은편지함	**Today: Answer 10 SAT questions** - Your SAT goal for today is to answer 10 practice questions. Today we'll focus on imp...	18. 8. 9.
	Khan Academy	받은편지함	**Today: Answer 10 SAT questions** - Your SAT goal for today is to answer 10 practice questions. Today we'll focus on imp...	18. 8. 8.
	Khan Academy	받은편지함	**Today: Answer 10 SAT questions** - Your SAT goal for today is to answer 10 practice questions. Today we'll focus on imp...	18. 8. 7.
	Khan Academy	받은편지함	**Today: Answer 10 SAT questions** - Your SAT goal for today is to answer 10 practice questions. Today we'll focus on imp...	18. 8. 6.

칸 아카데미에서 온 메일을 통해 학습 상황을 점검할 수 있습니다.

칸 아카데미 활용 및 성공 사례

성공 사례1 - 우리나라 사례

대구 하빈초 신민철 선생님의 칸 아카데미 적용기

　제가 칸 아카데미를 처음 시작하게 된 계기는 저희 반 아이들이 4학년임에도 불구하고 이미 수학을 어려운 존재이자 포기하고 싶은 존재라고 생각하고 있었기 때문입니다. 11명 아이들의 수학 수준 격차는 상상을 뛰어넘었습니다. 수학을 무척이나 잘하는 아이가 있는가 하면 수학 시간에는 말을 한 마디도 하지 않는 아이, 수학을 어디까지 알고 있는지 몰라서 수준 파악이 안 되는 아이 등 11명의 아이들은 각기 다른 수학 수준을 가지고 있었습니다.

첫 번째, LMS를 통해 이해하게 된 학생들

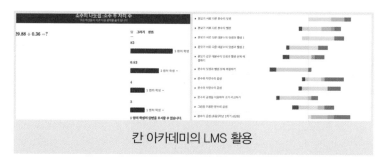

칸 아카데미의 LMS 활용

칸 아카데미의 LMS(Learning Management System)는 놀라울 정도였습니다. 학생들의 응답 하나하나부터 어떤 답을 제출하여 오답이 되었는지, 각 성취 기준별로 어떤 학생이 잘하고 어떤 학생이 못 하는지 LMS를 통해 세부적으로 제공되었습니다. 이렇게 세부적인 LMS를 살펴보자 각 학생별로 어느 부분이 강점이고 어느 부분이 약점인지를 알 수 있었고 학생 개인별로 맞춤형 피드백을 줄 수 있었습니다. 이렇게 학생의 학습 수준에 대해 알고 나니 그 후부터 학생들을 이해하게 되면서 자연스럽게 맞춤형 수학 지도가 가능하게 되었습니다. 그 결과 자연스럽게 맞춤형 교육을 통해 학생들의 수학 학업 성취도를 끌어올리게 되었습니다.

두 번째, 더 큰 핵심적인 변화, 수학에 대한 학생들의 긍정적인 인식의 생성

마스터리 챌린지에 참여하여 모든 과제를 해결한 학생 프로필 화면

칸 아카데미를 하고 나서 수학 성적의 변화보다 더 큰 긍정적인 효과는 바로

학생들의 수학에 대한 인식이 긍정적으로 바뀌었다는 점입니다. 칸 아카데미를 하고 나서 수학이 재미있어졌다는 친구들이 상당히 많이 늘어났습니다. 당장 학생들의 수학 성적이 오르는 것도 중요하겠지만 이렇게 수학이라는 것에 대한 인식이 바뀐 것에 가장 큰 의미를 두고 있습니다. 아이들에게 있어 칸 아카데미는 더 이상 수학을 어렵고 지루한 존재로 각인시키는 것이 아닌 즐길 수 있고 자신을 채울 수 있는 소중한 학습도구가 되었던 것입니다.

세 번째, 이제는 우리 삶의 일부가 된 칸 아카데미

대구 수학 체험 축제에서 칸 아카데미 부스를 운영하는 아이들

 칸 아카데미는 이제 저희 반 아이들의 삶의 일부가 되었습니다. 대구 수학 체험 축제에 학교 대표로 참여하여 칸 아카데미를 주제로 학생들이 직접 칸 아카데미 체험 부스를 운영하기도 하였습니다. 학기말의 인터뷰에서 학생들은 지난 2018학년도 동안 가장 기억에 남는 일을 꼽으라면 칸 아카데미 수학 체험 부스를 운영한 일을 꼽았습니다. 그 이유를 들어보면 칸 아카데미에 항상 도움을 받았었는데 이제는 칸 아카데미를 통해 다른 사람들에게 도움을 줄 수 있어서 좋았다는 의견이 많았습니다.

성공 사례 2 - 미국 사례

칸 아카데미 SAT 준비 자습서는 SAT 점수를 높인다는 연구 결과를 발표했습니다.

A student demonstrates on her MacBook how she uses the Khan Academy test prep program to study for the SAT.

　무료 SAT 준비 자습서를 제공하는 College Board와 온라인 칸 아카데미 간의 파트너십이 대학 입학시험에서 학생의 SAT점수를 크게 올리는 데 도움이 되었다고 발표되었습니다. 칸 아카데미의 맞춤식 수업을 통해 20시간 동안 공부한 학생이 PSAT 및 NMSQT 시험과 실제 대학 입학시험에 사용되는 SAT에서 평균적으로 115점이 증가된 것으로 나타났습니다. 이는 칸 아카데미의 맞춤식 수업을 사용한 학생은 그렇지 않은 학생보다 평균점수가 두 배 상승한 것입니다. _참조: Goerie.com(2019.1.5.)

Tip **이것 하나만 알자. 칸 아카데미 마스터**

1. 자신이 공부하고자 하는 영역과 관련된 영상을 먼저 보고 시작해 보세요. 연습 문제를 풀기 전, 개념을 정확하게 이해하고 시작할 수 있습니다.

2. 자신에게 필요한 부분을 골라 연습 문제를 풀어 보세요. 알고 있는 개념을 활용할 수 있는 다양한 문제가 제공됩니다.

3. 마스터리 챌린지에 도전해 보세요. 자신의 수준에 맞게 다양한 레벨의 문제가 제공됩니다. 어려운 문제를 해결하면서 마스터 레벨에 도전해 보세요.

4. 학습자 프로필을 통해 자신이 어려워하는 영역을 파악하여, 부족한 부분을 채워 보세요. 학습자 프로필에 확인할 수 있는 출석률, 자신의 진도, 마스터한 스킬 등 다양한 내용을 통해 자신의 능력을 파악하고, 부족한 부분을 보충할 수 있습니다.

5. 미국 칸 아카데미를 통해 영어로 과학, 경제, 미술, SAT 등 다양한 콘텐츠를 경험해 보세요. 미국 칸 아카데미에는 수학과 컴퓨팅을 넘어서 더 많은 영역이 존재합니다. 다양한 콘텐츠를 영어를 통해 즐기면서, 영어에 익숙해질 수 있는 좋은 기회입니다.

6. 공식적으로 인증된 SAT, LSAT, MCAT, GMAT, IIT JEE, NCLEX-RN 커리큘럼을 통해 미국 유학의 초석을 마련해 보세요.

칸 아카데미에서의 소프트웨어 교육

칸 아카데미에는 수학만 있는 것이 아닙니다. 현재 한국에 번역되어 제공되고 있는 영역은 수학과 텍스트 코딩인 컴퓨팅 과정이 있고, 그 중에서 컴퓨팅 과정에서는 CS, HTML, 컴퓨터 과학을 배울 수 있습니다. 특히 칸 아카데미와 함께 하는 아워 오브 코드를 통해 텍스트 코딩을 더욱 쉽게 배울 수 있습니다.

칸 아카데미의 교육 도구에는 첫 번째로 '아워 오브 드로잉 위드 코드'가 있습니다. 이 코스는 눈사람을 자바스크립트로 그리면서 코딩의 기본 개념을 알려주는 강의입니다. 동영상 강의와 실습창이 제공되며, 학생들은 코드를 수정해 가면서 그림을 그릴 수 있습니다.

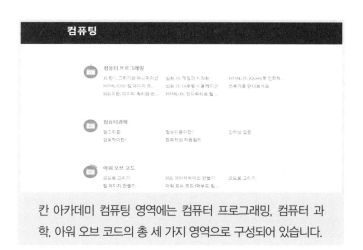

칸 아카데미 컴퓨팅 영역에는 컴퓨터 프로그래밍, 컴퓨터 과학, 아워 오브 코드의 총 세 가지 영역으로 구성되어 있습니다.

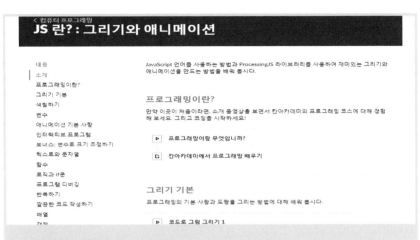

컴퓨터 프로그래밍에는 JavaScript(그리기와 애니메이션), HTML/CSS, SQL를 배울 수 있습니다. 웹사이트를 만들기 위해서는 HTML을 통해서 큰 틀을 만들고, CSS로 색이나 글씨체 같은 디자인 요소를 관리할 수 있습니다. 그리고 JS를 통해 '화살표를 클릭하면 다음 페이지를 보여줘' 식의 명령을 내려 웹페이지를 작동할 수 있습니다. 자세한 예와 활동을 배운 내용을 활용해서 새 프로그램을 만들 수 있고, 그것을 공유하여 다른 사람의 피드백을 받을 수 있습니다.

칸 아카데미 컴퓨터 프로그래밍의 가장 큰 장점은 새 프로그램을 만들 때, 같은 화면에 가이드를 배치해 놓았기 때문에, 자신에게 필요한 기능을 다시금 복습하면서 적용해 볼 수 있다는 것입니다.

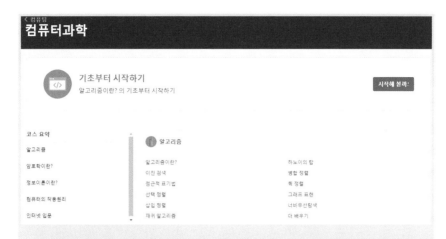

컴퓨터 과학에서는 논리적 사고력을 배울 수 있는 알고리즘, 암호학, 정보이론에 대해서 배울 수 있습니다. 기존의 칸 아카데미 학습법과 같이 관련 영상, 게임을 활용한 문제풀이, 실제 응용 과정을 통해서 컴퓨터 과학에 대해서 배울 수 있습니다.

아워 오브 코드는 코드를 활용해서 실제로 그림을 그려보면서 텍스트 코딩을 쉽게 접해 볼 수 있습니다. 토크 스루 비디오를 통해 각 코드의 사용 방법을 자세하게 배운 뒤에, 빠른 팁, 응용문제를 통해서 코드를 학습할 수 있도록 도와줍니다. 더불어 웹 페이지 만들기와 SQL을 통해서 HTML과 데이터베이스의 활용법에 대해서 배울 수 있습니다.

테드로 두 마리 토끼를 잡다.
'테드'

 scene1 "이제 영어는 중요한 과목이 아니니까 수학 학원을 보내야 할까요?"

"그런데 중요하지 않다고 안 시킬 수도 없잖아요. 다른 아이들은 영어가 이제 기본으로 되어 있는데….."

"영어도 해야 하고 수학도 공부해야 하는데 큰일이네. 방법이 없을까요?"

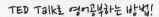

 scene2 한때 우리 사회에서 영어는 전 국민이 가장 관심 있는 과목이었습니다. 영어학원은 북새통을 이루었고 토익학원과 수능에서 영어는 만점을 받아야 기본이라는 열풍 아닌 열풍이 불었습니다. 그런데 영어만 공부해서는 이제 경쟁력이 없다는 것을 알게 된 순간 학생도 학부모도 딜레마에 빠지게 되었지요. 영어도 하면서 다른 과목 공부도 할 수 있는 방법이 필요한 때가 되었습니다. 아니 정확하게 말하면 영어를 도구로 활용하면서 영어에 보다 쉽게 노출도 되면서 자연스럽게 습득할 수 있는 방법을 찾게 되었습니다. 그 방법으로 소개하고자 하는 콘텐츠가 바로 TED입니다.

테드TED는 많은 사람이 한번쯤은 들어본 적이 있을 것입니다. 우리나라의 세바시(세상을 바꾸는 시간, 15분) 미국 버전이라고 생각하면 됩니다.

TED(Technology, Entertainment, Design)는 미국의 비영리 재단에서 운영하는 강연회로 기술, 오락, 디자인 등과 관련된 강연회를 개최합니다. 최근에는 과학에서 국제적인 이슈까지 다양한 분야와 관련된 강연회를 개최하고 있습니다. 강연은 18분 이내로 이루어지며, 강연 하나하나를 '테드 토크TED TALKS'라고 합니다.

"알릴 가치가 있는 아이디어"(Ideas worth spreading)라는 모토로 세계적인 유명 명사들이 15분 정도의 짧은 프레젠테이션을 합니다. 현대인의 바쁜 일상을 고려하여 긴 강의가 아닌 짧은 프레젠테이션으로 지식과 감동을 전달하는 매체로 다양한 층에 인기가 있습니다.

테드는 미국뿐만 아니라 유럽, 아시아 등에서도 개최하고 있으며 테드엑스TEDx란 형식으로 각 지역에서 약 20분 정도의 독자적인 강연회를 개최하기도 합니다. 1984년에 테드가 창립된 이후 1990년부터 매년 개최되었으며 특히 테드 강연회 동영상 자료를 2006년부터 웹사이트에 올리면서 많은 인기를 끌게 되었습니다.

초대되는 강연자들은 각 분야의 저명인사와 괄목할 만한 업적을 이룬 사람들이 대부분입니다. 이중에는 빌 클린턴, 앨 고어 등 유명 인사와 많은 노벨상 수상자들도 있습니다.

첫 화면

테드,
무엇이 다를까?

영상을 활용한 공부가 학생들에게 영어 실력을 길러주는 도구로만 활용되는 것은 아닙니다. 특히 테드 영상의 경우 학생들에게 교훈을 주는 내용을 많이 담고 있기 때문에 학생들의 동기부여에도 도움을 줍니다.

예를 들어, 테드 출연 당시 10대였던 윌리엄 캄쾀바의 경우 가난한 가정 형편 때문에 학교를 중퇴했지만 스스로 책을 읽고 독학하며 쓰레기 더미에서 찾은 부품들로 풍차를 만들었고, 마침내 자신의 마을에 전기를 보급하는 데 성공했습니다. 테드에서 윌리엄은 이러한 과정에 대해 직접 설명하며 "나는 노력했고, 그래서 해냈다."라면서 앞으로도 마을에 도움을 주기 위해 끊임없이 발명할 것이라고 말합니다.

학생들은 이러한 영상을 접하면서 어려운 환경에서도 자신이 좋아하는 일에 열정을 가지면 결국 해낼 수 있다는 용기를 얻습니다. 이처럼 테드에는 성장기 학생들에게 진로와 학습 측면에서 동기를 부여해 줄 수 있는 많은 영상들이 있습니다.

테드의 장점
• 명사들의 삶의 노하우를 전수받을 수 있습니다.

- 연사들의 진정성 있는 인생 내러티브를 통해 영감을 얻을 수 있습니다.
- 교훈을 주는 내용이 많아 동기부여가 될 수 있습니다.
- 명사들의 강연을 통해 각 분야의 전문 지식을 습득할 수 있습니다.

명사의 연설을 검색하여 들을 수 있습니다.

- 전문지식 습득뿐만 아니라 영어 실력도 향상될 수 있습니다.
- 영상을 반복적으로 보며 듣기 실력, 어휘력, 영어 문장력 등을 기를 수 있습니다.
- 영상 시청과 함께 사이트에서 제공되는 영어 스크립트를 통해 실제적인authentic 영어에 노출될 수 있습니다.
- 다양한 영상을 통해 나의 진로, 흥미를 찾을 수 있습니다.
- 영상 속 외국인이 드러내는 문화를 익힐 수 있습니다.
- 내 눈앞에, 내 옆에 서 있는 사람만이 원어민이 아니라, 영상 속에 있는 사람도 원어민입니다. 원어민의 영어에 그것도 다양한 원어민의 발음, 억양, 문화에 노출될 기회를 제공합니다.
- 영어로 된 영상 매체에 흥미를 느껴 자발적으로 영상을 찾아볼 수 있습니다.

이렇게 하면 된다.
테드 레시피

1. 회원가입 및 로그인을 합니다.
2. 영상 검색 방법 1: 자신이 관심 있는 분야의 영상을 검색합니다.
3. 영상 검색 방법 2: 자신이 관심 있는 인물 관련 영상을 검색합니다.
4. 영상 활용 레시피: 영상을 반복해서 보면서 들리는 단어를 적어봅니다.
5. 사이트에서 제공되는 스크립트를 활용하여 스피치 내용을 익힙니다

1. 테드 들어가기 – 회원가입 및 로그인

인터넷 검색창에 https://www.ted.com 주소를 입력하면 다음과 같은 화면이 나옵니다.

꿀팁 한글로 번역된 사이트를 보고 싶다면 크롬 주소창의 '이 페이지 번역하기'
버튼을 눌러 한글로 번역된 사이트를 만나볼 수 있습니다.

회원가입을 클릭하여 등록합니다.
1. 만약 페이스북 계정이 있다면 페이스북 계정으로 등록이 수월하게 진행될 수 있지만
   처음 계정을 만드는 학생이라면 테드 가입부터 절차에 따라 진행하는 것이 좋습니다.
2. 성과 이름 그리고 메일 주소와 암호를 입력하고 계정 만들기를 클릭합니다.
3. 계정이 없어도 동영상 시청이 가능하지만 자신의 학습 이력을 저장하고 지도안을
   직접 구성해 보기 위해서는 계정을 만들 것을 권유합니다.

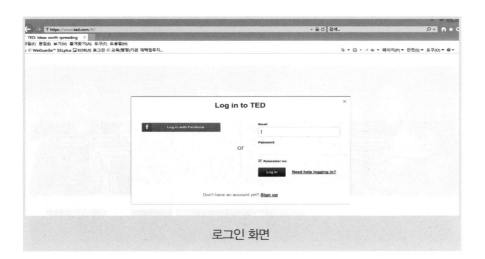

로그인 화면

2. 영상 검색 방법 1: 관심 분야의 영상을 검색합니다.

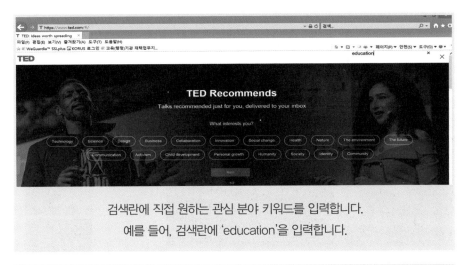

검색란에 직접 원하는 관심 분야 키워드를 입력합니다.
예를 들어, 검색란에 'education'을 입력합니다.

'education'으로 검색했을 때 결과 화면

3. 영상 활용 레시피

1) 동영상을 보며 들리는 단어를 정리해 본다거나 이해되지 않는 단어나 문장, 내용
   등을 노트에 정리합니다.

2) 동영상 내용 파악을 위해 사이트에서 제공하는 스크립트를 참고할 수 있습니다.

3) 스크립트를 활용하여 빈칸 넣기 등의 활동을 해봅니다.

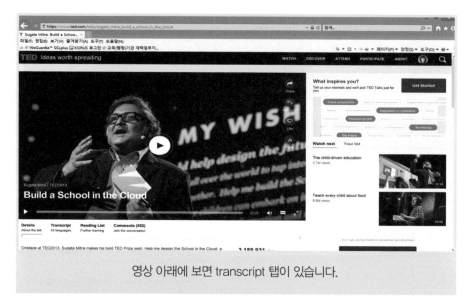

영상 아래에 보면 transcript 탭이 있습니다.

transcript에서 영어 대본이 제공되고, 영상에 따라 다르지만 한국어 등 다양한 언어
들의 자막도 제공됩니다.

4) 한글 자막도 활용할 수 있습니다. 처음에는 자막을 없애고 영상만 봅니다. 두 번째 볼 때는 영어자막을 보면서 영상을 봅니다. 세 번째 볼 때는 한글 자막을 보면서 영상을 봅니다. 역순(한글자막-영어자막-무자막)으로도 활용 가능합니다.

5) 테드 사이트에 들어가 영상에 대한 자신의 감상을 댓글로 남겨봅니다. 영어 쓰기 능력 향상뿐 아니라, 온라인상으로 여러 사람들과 영어로 소통할 수 있는 기회가 됩니다.

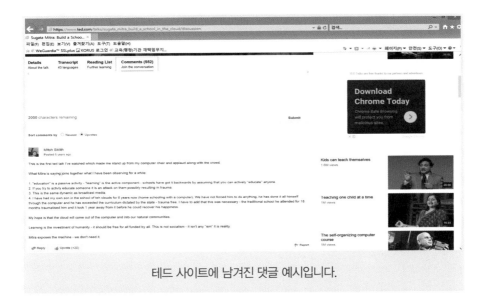

테드 사이트에 남겨진 댓글 예시입니다.

6) 자신이 테드 스피커TED Speaker가 되었다고 생각하고 스크립트 내용을 암기하여 말해 봅니다. 말하기 능력 향상에 도움이 됩니다.

7) 테드 사이트 보기watch 기능을 통해 테드에드 사이트로 접속 가능합니다.

테드 사이트 첫 화면에서 'watch'를 클릭하면 'TED-Ed videos'를 볼 수 있습니다.

테드에드 TED-Ed

테드TED가 성인만을 대상으로 하지 않고 초등학교부터 고등학생까지 10대들을 위한 테드에드TED-Ed도 있다는 것을 아는 사람은 많지 않습니다. 테드에드(TED-Ed, https://ed.ted.com/)는 가치 있는 아이디어 확산(Idea Worth Spreading)이라는 테드 철학을 계승하여 좋은 강의를 널리 알리자(Lessons Worth Spreading)라는 취지로 시작한 테드의 교육용 버전입니다.

테드에드는 기존의 테드토크TED-talk와 달리 강연 위주의 영상보다는 애니메이션을 활용한 교육적인 내용들로 학생들이 시청하기에 적합한 내용들로 구성되어 있습니다.

분야는 Art, Business & Economics, Design, Engineering & Technology 등으로 나누어져 있으며, 5~10분 정도의 클립으로 영상이 구성되어 있어 쉽고 재미있게 학습할 수 있습니다. 학생들이 시각적으로 쉽게 이해할 수 있게 구성되어 있어 영어 학습뿐만 아니라 다양한 과목별, 영역별, 주제별 학습이 가능한 온라인 학습 콘텐츠입니다.

테드에드,
무엇이 다를까?

테드에드의 가장 큰 장점은 자칫 지루할 수 있는 강연과 지식을 아티스트들과 협력하여 애니메이션으로 만듦으로써 다양한 지식을 5분에서 10분 이내로 가볍게 접하고 즐길 수 있다는 것입니다. 대부분의 영상에 한글 자막이 달려있고 자막이 없더라도 아주 어려운 어휘를 사용하지 않아서 리스닝 실력을 기르는 데도 좋습니다.

과학(Science), 기술(Technology), 공학(Engineering), 예술(Art), 수학(Mathematics) 등 정말 광범위한 지식을 소개하여 지루할 틈이 없습니다.

테드에드의 장점

- 3~5분 내외의 짧은 동영상이고 애니메이션으로 제작되어 재미있게 부담 없이 시청할 수 있습니다.
- 영어실력이 조금 부족한 학생도 쉬운 단계부터 시작할 수 있습니다.
- 애니메이션을 보면서 내용 추측이 가능하여 영어 실력이 낮은 학생도 집중해서 볼 수 있습니다.

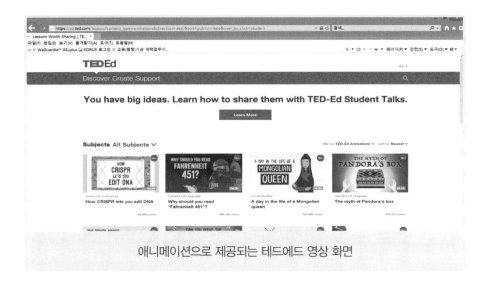

애니메이션으로 제공되는 테드에드 영상 화면

- 다양한 영상을 통해 실제적인authentic 영어에 노출이 됩니다.

- 영상을 반복해서 보면서 영어 듣기 실력을 쌓을 수 있습니다.

- 영상을 보면서 주어진 문제를 푸는 기능이 있어 내용 이해도를 파악할 수 있고 discuss 주제를 통해 쓰기 실력을 향상시킬 수 있습니다.

문제풀기 화면

- 다양한 주제와 관련 있는 영상으로 교양과 영어 실력을 동시에 쌓을 수 있어 수능 지문의 배경지식 쌓기에 도움이 됩니다.

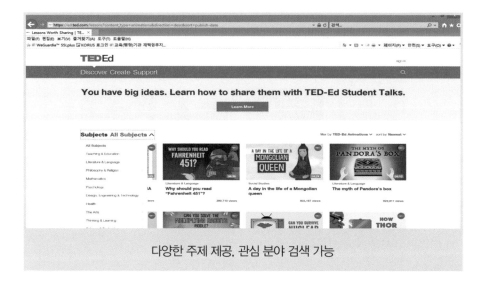

다양한 주제 제공, 관심 분야 검색 가능

- 유튜브 동영상을 활용해 직접 수업안을 만들 수 있습니다. 동영상 내용 관련 질문을 만들어보는 것도 영어실력 향상에 큰 도움이 됩니다.
- 이러한 과정을 통해 정보의 소비자가 아니라, 생산자가 되어 보는 경험은 영어에 대한 자신감을 길러주고 자존감을 높일 수 있습니다.

수업안을 만들 수 있는 화면

- 테드에드 클럽과 연계하여 학생들이 직접 커뮤니티를 운영하며 쓰기, 말하기 실력을 향상시킬 수 있습니다.
- 테드에드 위크TED-Ed Week에 전 세계 학생들과 원하는 시간에 비디오 콜Video-call을 통해 대화를 나눌 수 있습니다.
- 테드에드 클럽을 통해 테드 스피커Ted Speaker가 될 기회를 가질 수 있습니다.

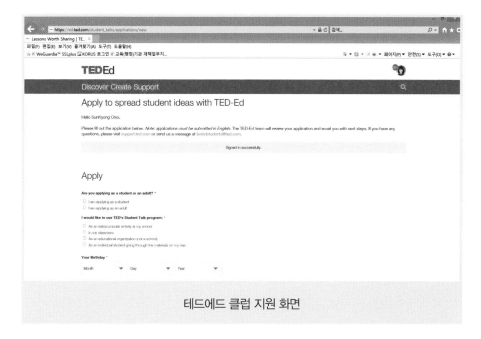

테드에드 클럽 지원 화면

이렇게 하면 된다.
테드에드 레시피

1. 회원가입 및 로그인을 합니다.
2. Watch, Think, Dig Deeper, Discuss 기능을 활용합니다.
3. 한글 자막 찾는 방법
4. 테드에드 활용팁
5. 수업안 만드는 방법

1. 테드에드 들어가기 – 회원가입 및 로그인

인터넷 검색창에 https://ed.ted.com 주소를 입력하면 다음과 같은 화면이 나옵니다.

꿀팁 한글로 번역된 사이트를 보고 싶다면 크롬 주소창의 '이 페이지 번역하기' 버튼을 눌러 한글로 번역된 사이트를 만나볼 수 있습니다.

회원가입(sign in/sing up)을 클릭하여 등록합니다.

1. 만약 페이스북 계정이 있다면 페이스북 계정으로 등록이 수월하게 진행될 수 있지만 처음 계정을 만드는 학생이라면 테드 가입부터 절차에 따라 진행하는 것이 좋습니다.

2. 성과 이름 그리고 메일 주소와 암호를 입력하고 계정 만들기를 클릭합니다.

3. 계정이 없어도 동영상 시청이 가능하지만 자신의 학습 이력을 저장하고 지도안을 직접 구성해 보기 위해서는 계정을 만들 것을 권유합니다.

로그인 화면

2. 테드에드 기능 활용하기

1) 테드에드 활용 방법이 안내된 영상입니다. 한글 자막이 있으니 보고 그대로 활용해

　보세요. 주소: https://ed.ted.com/lessons/dear-subscribers

2) 'Watch' – 동영상 보기 기능입니다.

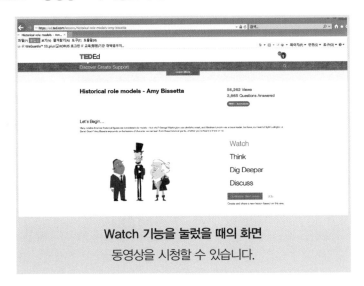

Watch 기능을 눌렀을 때의 화면
동영상을 시청할 수 있습니다.

3) 'Think' – 동영상 내용과 관련된 문제 풀기 기능입니다.

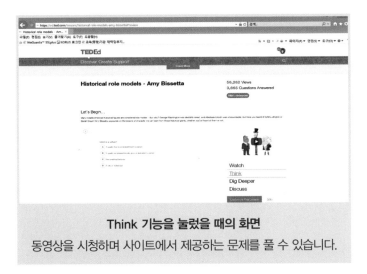

Think 기능을 눌렀을 때의 화면
동영상을 시청하며 사이트에서 제공하는 문제를 풀 수 있습니다.

4) 'Dig Deeper' – 동영상 내용과 관련된 심화 읽기 자료나 사이트를 소개하고 있습
니다.

Dig Deeper 기능을 눌렀을 때의 화면

5) 'Discuss' – 동영상 내용과 관련해서 토론할 수 있는 기능이다.

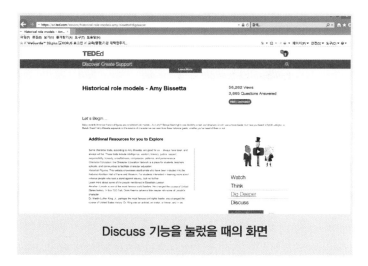

Discuss 기능을 눌렀을 때의 화면

한국어 자막이 있는 영상 찾는 방법

1. Discover ➡ Lessons를 클릭한 후 all subjects 상태에서 filter를 subtitles로 한 후 Korean을 선택합니다.

테드에드 lessons를 클릭했을 때의 화면

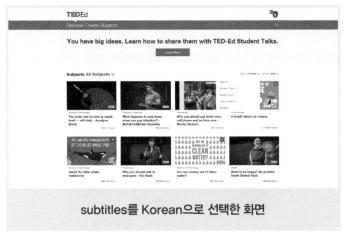

subtitles를 Korean으로 선택한 화면

2. 영상을 클릭해서 유튜브로 접속한 후 유튜브에서 한글자막을 선택합니다.

3. 아래 링크는 한국어 자막이 있는 영상들을 검색한 결과입니다.

   https://ed.ted.com/lessons?subtitles=ko

테드에드 활용팁

1. 원하는 주제, 키워드별로 영상 검색이 가능합니다.

원하는 주제를 찾고 싶은 경우, all subject 아래 주제별 카테고리를 참고하여 선택하면 됩니다.

키워드로 검색할 경우, 검색창에 원하는 키워드를 입력합니다.

키워드를 'role model'로 입력했을 때의 검색 후 화면입니다.

2. 최근 등록된 자료, 가장 인기 있는 자료 등 다양한 분류 기준으로 검색 가능합니다.

최근 등록된 자료 순으로 콘텐츠를 정렬한 화면

3. 일부 콘텐츠는 시리즈로 제공됩니다.

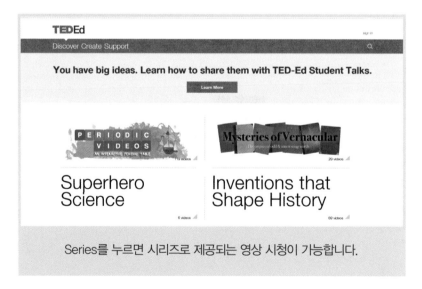

Series를 누르면 시리즈로 제공되는 영상 시청이 가능합니다.

Create a Lesson

큐레이션 기능인 'Create a Lesson'을 활용하여 온라인 회원 누구나 직접 강의를 만들 수 있습니다.

Create a lesson 수업을 만들어 보세요.
1. 수업을 만들 때 관련 영상들을 Searching합니다.
2. 질문(Think), 관련 영상(Dig Deeper), 토론(Discuss)을 만듭니다.
3. 친구들과 수업을 나눕니다.(Publish)
4. 진행 상황을 알아봅니다.

1. Create a Lesson 버튼을 클릭합니다.

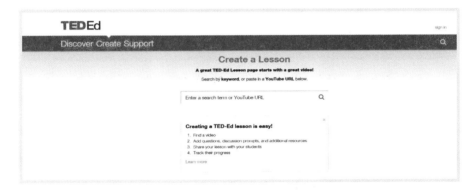

2. 원하는 비디오를 검색합니다. 이때 검색어를 입력하거나 유튜브 주소를 입력합니다.

   이 검색을 통해 테드에드 사이트에 있는 영상뿐만 아니라 유튜브에 있는 영상을 검색하여 가져올 수 있습니다.

   예를 들어, 'how to pretend to real new yorker'처럼 완전한 문장으로 검색하지 않더라도 자신이 원하는 'How to pretend you're a real New Yorker'라는 영상을 찾을 수 있습니다.

검색어를 넣어 노출된 여러 영상 중 첫 번째 영상을 클릭한 화면

3. 이 기능을 활용하기 위해서는 미리 회원등록을 하고 로그인을 해야 합니다.

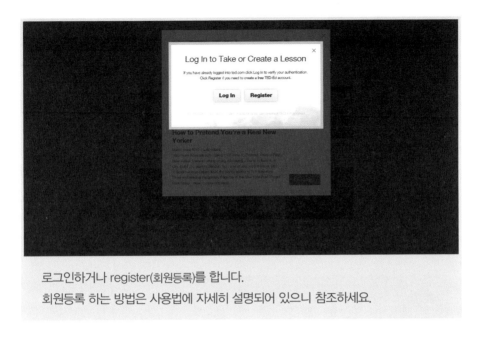

로그인하거나 register(회원등록)를 합니다.
회원등록 하는 방법은 사용법에 자세히 설명되어 있으니 참조하세요.

4. 선택한 영상에 대한 소개, 문제 출제, 관련 자료 링크, 토론 주제 선정 등을 작성합니다.

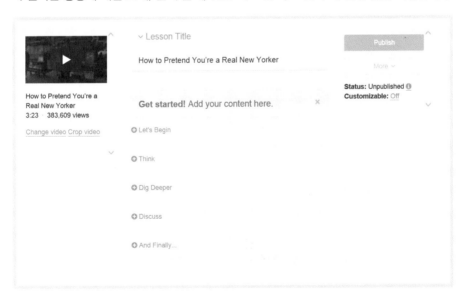

Tip 이것 하나만 알자. 테드에드 클럽

테드에드 사이트에서 'Create' ➡ 'Talk'를 클릭해서 들어간 후 'let's get started'를 클릭하면 테드에드 클럽을 생성할 수 있습니다.

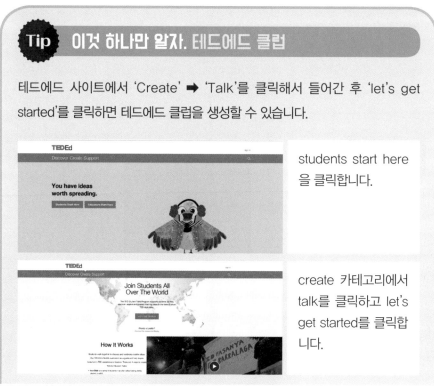

students start here 을 클릭합니다.

create 카테고리에서 talk를 클릭하고 let's get started를 클릭합니다.

로그인 화면입니다.

로그인을 하고 나면 지원화면이 나옵니다. 정보를 작성합니다.

- 지원서를 작성하고 나면 수락 이메일과 함께 테드에드 클럽을 어떻게 운영하면 되는지 규정과 팁들이 제공됩니다.
- 정기적으로 소수의 인원들이 모여 테드 토크 형태로 스터디를 하는 그룹이라고 생각하면 됩니다.
- 각자 어떤 주제로 프레젠테이션을 할지 정한 후 스크립트를 쓰고 말하기 연습을 합니다. 그 후, 청중들 앞에서 테드 토크 형태로 발표하고, 그 발표 영상을 테드에드 사이트에 업로드하면 됩니다.
- 주기적으로 테드에드 위크를 여는데 테드에드 위크에는 전 세계에 있는 테드에드 클럽 학생들과 온라인으로 화상 통화를 하며 서로 정보를 공유합니다.
- 우수 테드에드 클럽원들의 경우 1년에 한 번씩 있는 테드 콘퍼런스에 참가할 수 있는 기회가 제공되기도 합니다. 실제 테드 토크 무대에 스피커로 발탁되기도 합니다.

Tip 테드(테드에드) 활용팁

1. 노트에 필기하면서 듣습니다.

온라인 동영상을 시청할 때 조심해야 할 것은 언제든지 다시보기를 할 수 있다는 생각에 집중해서 강의를 듣지 않는다는 것입니다. 강의를 보면서 노트에 필기를 하는 것이 집중력 향상에 효과가 있습니다.

2. 모르는 부분은 반복재생해서 이해하도록 합니다.

무조건 반복해서 듣는다고 안 들리던 단어가 저절로 들리는 것은 아닙니다. 안 들리는 단어는 손으로 적어보고 입으로 소리 내어 익힌 후 다시 듣는 것이 좋습니다. 자신이 말할 수 있는 단어라야 다른 사람들이 말할 때도 들립니다.

3. 내 수준과 흥미에 맞는 강의를 시청합니다.

처음부터 욕심을 내서 어려운 강의를 들을 필요는 없습니다. 처음에는 가볍게 사이트를 검색하면서 내 흥미에 맞는 영상들을 눈여겨봅니다. 난이도도 중요하지만 자신의 흥미에 맞는 영상을 찾는 것을 권합니다. 어휘나 내용이 다소 어렵더라도 자신이 관심 있는 분야는 몰입이 잘 되기 때문입니다.

4. 처음 테드나 테드에드를 이용하는 이용자라면 번역된 사이트를 권합니다.

외국 학습 사이트 체계에 익숙하지 않으므로 처음에는 적응이 필요합니다. 그런 다음 영문으로 접근한다면 효과적일 수 있습니다.

테드(테드에드)
활용 및 성공 사례

성공 사례1 - 중학교 3학년 학생

"While William was reading the book,

he thought he could help his village by building a windmill"

(윌리엄은 책을 읽으면서 풍차를 만들어 마을을 도울 수 있을 것이라는 생각을 했다)

중3 영어 교과서 1단원 'Catch Your Dreams'을 공부하던 중 'The boy who caught the wind'라는 읽기자료를 통해 윌리엄을 알게 되었습니다. 이제까지 수업시간에 영어 지문을 공부하면서 그래왔듯 저는 문장 하나하나를 해석하기에 급급했습니다. 지문을 대충은 다 해석할 수 있어서 나름 만족했지만 영어 공부가 그리 재미있지는 않았습니다.

단원이 마무리 되어갈 무렵 선생님께서 아프리카 말라위 국적의 윌리엄 캄쾀바William Kamkwamba가 출연한 테드 인터뷰 영상을 보여주셨습니다. TED는 미국의 비영리 재단에서 운영하는 강연회이고 정기적으로 기술, 오락, 디자인 등과 관련된 강연회를 개최한다고 했습니다.

'테드'라는 것이 있다는 것도 새로웠는데 교과서 속 인물이 '짠' 하고 나타나 직접 말로 설명하는 영상을 보니 신기했습니다. 윌리엄이 실존하는 인물이라는 것을 알게 된 순간 반 아이들 모두 놀라워했습니다. 윌리엄이 테드에서 인터뷰를 하고 강연을 한 후 세상에 알려지고 유명해져서 대한민국이라는 이 작은 나라의 교과서에도 실렸다는 것에 다들 감탄했습니다.

처음 영상을 볼 때는 영상을 보면서 들리는 단어, 기억에 남는 단어를 메모지에 적었습니다. 교과서에서 배운 단어가 그대로 나오기도 해서 신기했습니다. 두 번째 볼 때는 선생님께서 중요한 어휘나 구문에 빈칸이 있는 스크립트를 나누어 주셨습니다. 영상을 보며 빈칸에 들어갈 표현들을 적어보았습니다. 테드 사이트에 들어가면 강연 스크립트가 모두 제공되어 있습니다. 스크립트를 보며 정답을 확인해 봤습니다. 평소에 잘 쓰지 않는 단어들도 있었지만 영상을 통해 맥락을 알고 보니 어휘의 의미가 쉽게 다가왔습니다. 선생님이 처음에는 한글자막이 있는 영상으로 보여주셨지만 영어자막이 포함된 영상과 자막이 없는 영상으로도 보여주셨습니다. 반복해서 들으니 처음에는 들리지 않던 단어가 늘리기도 했습니다.

가장 기억에 남는 부분은 윌리엄 캄쾀바가 "I got information about making the mill. And I tried, and made it(책에서 풍차를 만드는 데 필요한 정보를 얻었다. 나는 노력했고, 그래서 해냈다)"라고 말한 부분입니다.

윌리엄 캄쾀바의 경우 가난한 가정 형편 때문에 학교를 중퇴했지만 스스로 책을 읽고 독학하며 쓰레기 더미에서 찾은 부품들로 풍차를 만들었고, 마침내 자신의 마을에 전기를 보급하는 데 성공했습니다. 테드에서 윌리엄은 이러한 과정에 대해 직접 설명하며 "나는 노력했고, 그래서 해냈다!"라면서 앞으로도 마을에 도움을 주기 위해 끊임없이 발명할 것이라고 말했습니다.

저와 같은 10대인데 어려운 환경에서도 그런 생각을 하고 행동에 옮겼다는 것, 가족들과 마을 사람들을 위하는 마음, 테드에서 강연까지 했다는데서 감동을 받고 자극도 많이 받았습니다. '나도 언젠가는 윌리엄처럼 테드 무대에서 연사로

설 기회가 있을까?'라는 상상도 해봤습니다.

선생님이 테드 사이트를 알려주시고 강연에 대한 의견도 남길 수 있다고 알려주셨습니다. 집에 가서 테드 사이트에 가입하고 강연에 대한 소감을 댓글로 남겼습니다. 영상으로 살아있는 영어를 생생하게 접하고 제 영어 실력으로 코멘트도 남겨보면서, 영어가 수업시간에만 쓰이는 것이 아니라 실제 생활에도 활용될 수 있다는 것을 깨닫게 되었습니다. 영어 공부가 즐거워졌습니다. 그냥 지루한 공부가 아니라 살아있는 공부가 되는 것 같았습니다.

그 후로 테드 사이트와 테드에드 사이트에 들어가 마음에 드는 영상을 종종 보곤 합니다. 테드에드 사이트에 윌리엄 영상을 활용해서 선생님이 만들어 주신 레슨을 봤습니다. 저도 마음에 드는 영상으로 그런 레슨을 만들어 봐야겠다고 생각했습니다.

테드 사이트에 학생이 남긴 댓글들입니다.

성공 사례 2 - 중학교 2학년 학생

수업시간에 친구들과 함께 롤 모델이 갖추어야 할 미덕에 대한 영상을 보았습니다. 영상을 보기 위해 테드에드 사이트에 회원가입을 하고 로그인을 했습니다. 처음에는 영상을 한 번 보며 전체 내용을 파악했습니다. 내용을 다 알아듣기가 쉽지는 않았지만, 애니메이션과 한글, 영어자막, 한글자막이 있어 여러 번 되풀이해서 보다 보니 내용이 이해되었습니다.

Watch 영상 보기 화면

몇 번 되풀이해서 영상을 본 후 테드에드 사이트에서 제공하는 문제를 풀어보았습니다. 문제를 풀다가 모르는 단어가 나오면 친구에게 물어보거나 사전을 찾아가며 풀었습니다. 문제를 풀고 나니 영상 내용에 대한 이해가 더욱 명확해졌습니다.

Think 문제 풀기 화면

　문제를 다 풀고 나서 Discuss 탭을 클릭해 보니 토론 주제가 제시되어 있었습니다.

"It is important to study history. Besides the facts, what else history can teach us?'

('역사를 공부하는 것은 중요합니다. 역사적 사실 외에 역사는 우리에게 어떤 것들을 가르쳐주나요?')

　이 질문을 읽으면서 비록 질문에 대한 생각을 영어로 당장 적을 수는 없었지만 생각해 볼거리를 던져준 것 같아 좋았습니다. 제 생각을 정리한 후 사전이나 번역기의 도움을 받아서라도 테드에드 사이트에 의견을 남기고 싶습니다.

Discuss 화면

역사적인 인물들이 갖추고 있는 가치에 대한 테드에드 영상을 보면서 저도 용기와 지혜를 갖추어야겠다고 생각했습니다. 비록 이름을 날리는 유명인이나 역사적인 인물이 아니더라도 용기와 지혜는 세상을 살아가는 데 꼭 필요한 자세이기 때문입니다. 테드에드 사이트에서 푼 문제 외에 선생님이 나누어준 활동지도 이 영상을 이해하는 데 큰 도움이 되었습니다.

테드에드 영상을 보며 문제를 푸는 장면
영상을 반복해서 보면서 가치 관련 어휘를 영어로 익히는 모습입니다.

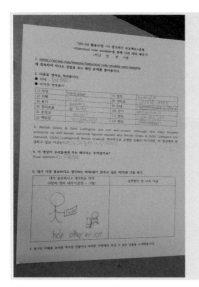

활동지 예시
미덕에 관련된 어휘를 영상을 보면서 익힙니다. 영상이 주는 교훈이 무엇인지 생각해 볼 수 있습니다.

성공 사례 3 - 중학교 1학년 학생

테드에드 클럽 자율동아리에 가입했습니다. 6명의 친구들과 함께 관심 분야에 대해 영어로 말하기를 할 계획을 세웠습니다.

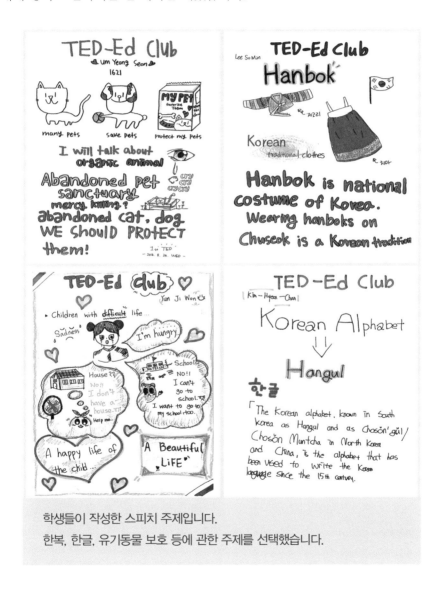

학생들이 작성한 스피치 주제입니다.
한복, 한글, 유기동물 보호 등에 관한 주제를 선택했습니다.

제가 정한 주제에 대해 스피치 할 스크립트를 작성했습니다. 몇 주간 연습 후 친구들 앞에서 스피치를 했습니다.

준비한 만큼 스피치가 만족스럽지는 않았지만, 스피치를 준비하는 과정에서 자료 조사를 하면서 지식도 늘고 영어 실력도 좋아진 것 같아 뿌듯합니다. 앞으로는 선생님의 도움 없이 친구들과 이런 자율 동아리 활동을 꾸준히 해보는 것도 좋을 것 같습니다.

자율 동아리 선생님이 나누어준 테드에드 활용 활동지를 집에서 작성해 보았습니다.

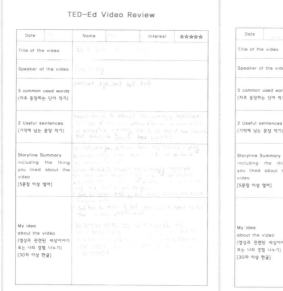

학생들이 작성한 TED-Ed 영상 리뷰 예시입니다.
자신이 선택한 영상에 대해 자주 등장하는 단어 정리, 기억에 남는 문장 정리, 전체 내용 요약하기, 영상과 관련된 세상 이야기나 나의 이야기 나누기로 구성되어 있습니다.

관심 있는 분야의 영상을 찾아 내용도 익히고 영어 공부도 할 수 있어 좋은 것 같습니다. 앞으로도 테드에드 사이트를 꾸준히 활용하여 영어 실력을 쌓아 나가 야겠다고 다짐했습니다.

어디서든 원하는 강좌를 함께 소통하며 배우는
'무크'

scene1 "아프리카에서 하버드 대학의 강의를 들을 수 있다!"
"내 방, 내 책상에서 학점을 인정받을 수 있다고?"

scene2 "글로벌 티처(Global Teacher)",
"글로벌 스튜던트(Global Student)"의 탄생

어쩌면 다음 아인슈타인이나 다음 스티브잡스는
아프리카의 외딴 동네에 살고 있을 수 있습니다.
그리고 만약 우리가 그런 사람에게
교육을 제공할 수 있다면
그들은 기발한 생각을 떠올릴 수 있을 것이고
우리 모두를 위해 더 나은 세상을 만들 수 있을 겁니다."

_다프니 콜러(Daphne Koller)
'Coursera(코세라)' 공동 설립자의 테드강연 중에서

고등학교 담임으로서 학생들과 상담을 하다 보면 무척 안타까워질 때가 있습니다. 학생들이 원하는 진로에 대한 정보를 학교에서 충분하게 제공할 수 없다는 것을 깨달았을 때입니다. 다양한 학생들의 진로에 맞게 학교가 맞춤형 서비스를 제공할 수 있으면 얼마나 좋을까요? 인공지능이 탑재된 로봇을 만들고 싶은 학생, 최신 기술의 친환경 에너지를 활용한 건축가가 꿈인 학생, 동물의 심리를 잘 헤아려주는 수의사가 되고 싶은 학생, 보건학을 미리 공부하고 싶은 간호사가 꿈인 학생, 산업에 관련된 기업을 경영하고 싶은 학생 등 학생들의 진로는 매우 구체적이고 전문적일 때가 있습니다.

이를 위해 일부 학교들은 연대하여 거점형 교육과정을 운영하기도 합니다. 또한 어떠한 정보들은 사교육의 도움을 받을 수도 있지만 그럼에도 정보가 충분하지 못할 때는 어떻게 해야 할까요?

우리나라의 경우는 특히 명문대학교에 들어가는 것이 큰 사회적 성공이라고 생각하는 사회적 분위기가 형성되어 있습니다. 아마 대부분의 학생들이 명문대학교에 입학하고 싶다는 생각을 해본 적이 있을 것입니다. 그러나 그 문은 매우 좁아서 경쟁률이 매우 치열합니다.

만약 경제적으로 어렵거나 외부의 교육문화를 접하기 힘든 물리적 환경에 있어 원하는 대학에 진학하기 힘들다면 우리는 환경을 탓하며 그대로 포기해야 할까요? 또한 건강상의 이유로 학교에 가지 못한다면 우리는 학업을 포기해야만 할까요?

이렇게 포기하긴 너무 아깝고 이릅니다. 스스로 배우겠다는 의지와 인터넷이 되는 환경이라면 '무크MOOC'를 통해 해결할 수 있기 때문입니다.

무크(MOOC)는 'Massive Open Online Course'의 앞글자를 딴 약자로 수강인원에 제한 없이(Massive), 모든 사람이 수강 가능하며(Open), 웹 기반으로(Online) 미리 정의된 학습목표를 위해 구성된 강좌(Course)입니다.

해외 무크의 하나인 'edX' 설립자 '아난트 아가왈Anant Agarwal'은 Ted강연에서 무크를 다음과 같이 말하였습니다.

"무크는 대규모 개방 온라인 강의입니다. 수많은 기관들이 전 세계 수백만의 학생들에게 이러한 강의를 무료로 제공하고 있죠. 누구든지 인터넷에 연결할 수 있고 배우고자 하는 의지가 있다면 이런 명문 대학들의 뛰어난 강의를 접할 수 있을 뿐만 아니라 마지막엔 이수증을 받을 수 있습니다."

이제 우리는 집에서 편안하게 세계 석학의 강의를 무료로 접할 수 있게 되었습니다. 하버드 교육 강좌인 마이클 샌들Michael Sandel 교수의 '정의란 무엇인가(Justice)' 강의도 해외 무크의 하나인 'edX'에서 들을 수 있습니다. 듣는 것뿐만 아니라 수강을 완료했다면 이수증을 받을 수 있습니다. 이 이수증은 향후 취업에 필요한 직접적인 증명서 역할을 하기도 합니다. 이처럼 무크는 개발도상국은 물론이고 선진국에서조차도 여러 가지 이유로 고등 교육을 접할 수 없는 사람들에게 획기적인 기회를 제공하고 있습니다.

무크는 이미 전 세계적으로 열풍입니다. 내로라하는 명문 대학들이 인기 강좌를 온라인으로 무료 공개하면서 전 세계 어디에서나 세계 최고 수준의 교육을 받을 수 있는 시대가 열린 것입니다. 무크 등 온라인 강좌를 소개하는 http://www.myeducationpath.com에는 무크를 포함한 온라인 강좌가 무려 2만개 정도 안내되어 있습니다.

'My Education Path' 홈페이지 첫 화면

여기에 발맞추어 우리나라도 KOCW를 시작으로 'K-MOOC'를 운영하고 있습니다.

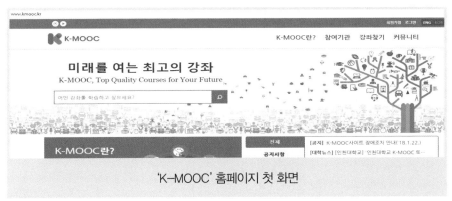

'K-MOOC' 홈페이지 첫 화면

무크,
무엇이 다를까?

우리나라도 2007년부터 한국교육학술정보원(KERIS) 주관으로 'KOCW(Korea Open Course Ware)'라는 서비스를 제공하였습니다. 이는 국내·외 대학 및 기관에서 자발적으로 공개한 강의 동영상, 강의 자료를 무료로 제공하는 고등교육 교수학습자료 공동활용 체제로 OCW(Open Course ware)의 한국판입니다.

공개 강의 사이트	특징
KOCW (Korea Open Course ware)	• 한국교육학술정보원(KERIS)에서 운영(http://www.kocw.net/) • 고등교육 교수학습자료 공동활용서비스 • 서울대학교, 카이스트, 서울과학기술대학교 등의 우수 고등교육 콘텐츠와 해외 고등교육 기관들의 강의 자료 무료 이용 • KOCW 우수활용사례에 대한 자료를 제작하여 제공 • 이용자의 학습목적에 따른 다양한 테마로 구성한 강의 큐레이션 서비스 제공

그러나 OCW는 단순한 정보를 포함한 콘텐츠들이 제공되며 학습자 중심의 서비스를 제공하지는 않습니다. 즉, 학습자가 한 주제에 대한 강좌를 체계적으로 수강하여 학습하고 토론하고 평가하고 인증받는 관리 시스템은 아닙니다.

MOOC의 분명한 차별성은 다음과 같습니다.

1. 대학 정규 수업과 같은 수강신청과 출석 체크

2. 과제 및 중간, 기말 평가 실시

3. 동료평가 형식의 피드백을 받을 수 있음

4. 전 세계의 사람들과 조별 토론 및 의견 공유

5. 직무 능력으로 인정되는 수료증 발급

OCW와 달리 MOOC는 대학 정규 수업과 같은 수강신청과 출석체크를 통해 관리를 받을 수 있고, 중간 과제 및 시험이 있어 평가가 이루어집니다. 수업 후 간단한 시험도 보면서 수강생의 이해 정도를 파악할 수 있어 강사는 학생들이 제출한 오답을 기반으로 맞춤형 조언을 해주기도 합니다.

또한 동료 평가 형식을 통해 함께 듣는 수강생들과 피드백을 받을 수 있으며, 만약 수강생이 전 세계의 사람들이라면 세계를 넘나들며 배경지식이 다른 학습자 간 지식 공유를 통해 대학의 울타리를 넘어 새로운 학습경험을 할 수도 있습니다. 강좌를 수강한 이후에는 직무 능력으로 인정되는 수료증까지 발급받을 수 있는 것이 무크의 가장 큰 특징입니다.

우리나라도 세계 각국의 무크의 영향을 받아 교육부 주관으로 K-MOOC 구축 및 운영에 관한 기본계획을 수립하였습니다. 그리고 2015년 4월에 K-MOOC 선도 대학 10개 학교로 경희대학교, 고려대학교, 부산대학교, 서울대학교, 성균관대학교, 연세대학교, 이화여자대학교, 포항공과대학교(POSTECH), 한국과학기술원(KAIST), 한양대학교를 선정하였습니다. 2018년 국가평생교육진흥원의 발표에 의하면 K-MOOC는 2017년 12월 기준으로 현재 국내 약 70개 대학이 참여하고 있어 2015년에 비해 약 10배 이상 증가하였으며, 약 27개의 강좌에서 12배 이상 증가하여 누적된 강좌수가 324개라는 것을 알 수 있습니다.

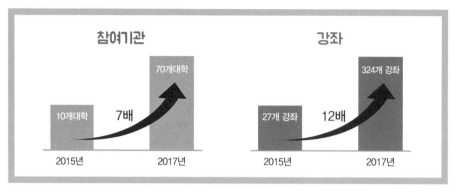

참조 : 국가평생교육진흥원(2018)

또한 사이트 방문자 수가 꾸준히 증가하여 2015년 12월에는 약 44만 명에서 2017년 12월 기준으로 약 474만 명 이상이 되었으며, 수강신청 수도 약 5만 건에서 2017년 12월에는 무려 44만 건 이상으로 엄청난 상승곡선을 이루고 있습니다.

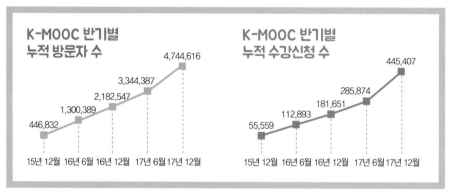

참조 : 교수신문 (2018.04.09.)

평소에 듣고 싶었던 교양 강좌나 필요한 고급지식을 K-MOOC에서 한번 배워 보세요. 학교 선생님 이상으로 나에게 친절한 선생님이 되어줄 수도 있습니다.

빌 게이츠는 다음과 같은 명언을 남겼습니다.

"오늘의 나를 있게 한 것은 우리 마을 도서관이었다."

"하버드 졸업장보다 소중한 것은 독서습관이다."

"인간에게는 한계가 있지만, 그 한계를 뛰어넘는 것은 독서이고
탁월한 삶을 꿈꾼다면 독서하라!"

책은 여전히 지식의 보고입니다. 많은 지식과 경험을 제공하기도 하고 자신의 인문학적 소양을 넓혀주기도 합니다. 그러나 과학기술이 빠르게 발전하고 있고, 새로운 지식들이 쏟아지는 현대 사회에서는 원하는 최신 지식을 책으로 접하는 것보다 온라인으로 접하는 것이 더욱 빠를 것입니다. 무크는 바로 이러한 시대 변화에 맞추어 발전한 온라인 교육 시스템입니다.

해외에서는 실제로 몇몇 대학들(애리조나주립대, 신시내티, 아칸소대 등)이 무크를 통해 실제 학위를 취득할 수 있는 'MOOC2Degree' 제도를 시행하기 시작했습니다. 2013년에는 무크를 통해 컴퓨터 공학 석사 학위를 받을 수 있는 과정이 조지아 공대에서 개설되었습니다. 이에 필요한 등록금은 7,000달러 정도로, 동일 과정의 조지아 공대 등록금이 4만 달러가 넘는 것과 비교해 6분의 1 수준의 가격이므로 의지만 있다면 해볼 만하지 않을까요? 무크 수료증은 대학입학이나 기업에 취직할 때 직무능력을 인정받을 수 있는 근거로 쓰이기도 합니다. 실제로 구글은 특정 직무능력을 평가할 때 무크 수료증을 인정하고 있습니다.

우리나라도 교육 경쟁력을 높이기 위해 K-MOOC에 대해 많은 관심을 기울이고 있으며, K-MOOC에 참여하는 대학들은 일부 강좌를 수강하여 발급받은 이수증으로 학점 인정을 받을 수 있도록 하였습니다. 2016년 2학기부터 서울대학교, 포항공과대학교(POSTECH), 한국과학기술원(KAIST)이 K-MOOC의 일부 과목을 서로의 정규 학점으로 인정하였습니다. 다음은 2016년도 기준 대학 학점 인정 가능한 K-MOOC 과목입니다.

대학 학점 인정 가능 K-MOOC 과목

공개 강의 사이트	전공계열	과목	교수
서울대	기계공학	Fun-MOOC, 기계는 영원하다	이건우 외
	화학	화학: 세상의 거의 모든 것!	김성근 외
포스텍	화학공학	재미있는 화학공학	이건홍 외
	재료공학	재미있는 재료공학	김도연 외
카이스트	생명공학	생명과학	김정회 외
연세대	한국학	한국의 경제발전	이두원
성균관대	한국학	한국어 초급 1	김경훤

자료 : 교육부

예를 들면 서울대학교 기계공학과의 15시간짜리 'Fun-MOOC, 기계는 영원하다' 강의를 들으면 서울대, 포항공과대학교(POSTECH), 한국과학기술원(KAIST)에서도 각각 1학점을 인정받을 수 있습니다.

2017년 2학기에는 타 대학교 K-MOOC 강좌의 학점을 인정하는 학교가 11곳이 되었습니다. 점점 학점을 인정하는 대학들이 늘어나서 여러분이 대학생이되었을 때는 더욱 활발하게 K-MOOC를 통해 학점을 인정받을 수 있게 될 것입니다.

또한 교육부가 발표한 2018년 무크 운영계획에 따르면 운영기관이 확대될 예정입니다. 기존에는 4년제 대학, 전문대학, 산업대학 개별법상 대학만 K-MOOC에 참여할 수 있었지만, 교육대학, 방송대학, 사이버대학, 기술대학, 각종학교 출연연구기관뿐만 아니라 기업까지도 강의 개발이 허용된다고 하니 더욱 다양하고 전문적인 지식을 얻을 수 있게 된 것입니다.

더불어 상호교류를 통한 해외 무크 서비스도 실시할 예정이라고 합니다. 프랑스 무크의 FUN-MOOC 강좌의 언어적 접근성 제고를 위해 K-MOOC 탑재 강좌에 외교부의 협조를 받아 한국어 번역을 계획하고 있으며, 태국대학과 공동개발 중인 강좌를 개발 완료하여 K-MOOC와 Thai MOOC에서 공동 서비스를 실시할 예정입니다. 다음은 공동개발 중인 강좌 예시입니다.

분야	교류대학
데이터 과학 분야	고려대학교 – Chulalongkorn 대학교
관광 분야	제주대학교 – Dusit Thani 대학교, Mae Fah Luang 대학교

참조 : 교육부(2018)

이처럼 교육의 공간적 개념과 경계는 점점 흩어져서 "글로벌 티처Global Teacher", "글로벌 스튜던트Global Student"가 탄생하여 자신이 필요한 지식을 공부할 수 있는 글로벌 교육시대가 되고 있습니다.

그런데 K-MOOC는 학생만 들을 수 있을까요? 교육부(부총리 겸 교육부장관 유은혜)는 2018년 11월 6일 국무회의에서 K-MOOC 학점 인정 대상을 대학생이 아닌 일반 국민들까지도 확대하기 위해 「학점 인정 등에 관한 법률 시행령」및 「평가인정 학습과정 운영에 관한 규정」 일부 개정안을 심의·의결했다고 밝혔습니다. 이렇게 되면 누구나 K-MOOC를 통해 다양한 형태의 학습 및 자격을 학점으로 인정하고, 학점이 누적되어 일정 기준을 충족하면 학위 취득까지 가능하여 평생학습까지도 연결될 수 있는 것이죠. 앞으로 무궁무진하게 발전할 K-MOOC가 더욱 놀랍지 않나요?

무크는 어떻게 시작되었을까요?

무크의 시작은 2002년 매사추세츠공과대학교(MIT)의 'OCW(Open Course Ware) 프로젝트'로부터 시작되었습니다. OCW를 통해 대학들은 오프라인 강의를 촬영한 영상이나 강의 노트, 슬라이드, 시험문제 등을 탑재하였습니다.

이 흐름의 영향을 받아 무크가 처음 등장한 것은 2008년에 캐나다 매니토바대학교의 교육학 전공 과정에서 시멘스Siemens와 다운스Downes 교수가 '연결주의와 연결지식(Connectivism and Connective Knowledge)'이라는 강좌를 처음으로 공개하면서부터입니다. 이 강좌는 단순히 배워보고 싶은 전 세계의 학생들을 위해 오픈되었고, 그 결과 2,300명 이상의 학생들이 무료로 참여하였습니다. 일반 강의실에서는 많아도 수백 명 정도의 학생들만 참여할 수 있었을 이 수업이 온라인으로 공개되면서 수강 인원에 제한이 없는 'Massive' 강의가 된 것입니다.

이후 2011년 스탠포드Stanford 대학의 세바스찬 스룬Sebastian Thrun 교수와 그의 동료들이 '인공지능입문(Introduction to Artificial Intelligence)' 수업을 공개하면서 무크는 본격적으로 활성화되기 시작하였습니다. 이 강좌의 수강자는 무려 190개 이상 국가의 16만 명에 이르렀습니다. 이렇게 되자 당시 이를 주도했던 교수들은 이를 대학에서 분리하여 새로운 기관인 유다시티Udacity, 코세라Coursera를 각각 만들었습니다. 그리고 MIT와 하버드대학교가 에덱스edX를 설립하였습니다. 이로써 뉴욕타임스가 2012년을 "무크의 해(The Year of the MOOC)"라고 명명할 만큼 본격적인 무크 시대가 시작된 것입니다. 미국의 대표 무크 홈페이지는 다음과 같습니다.

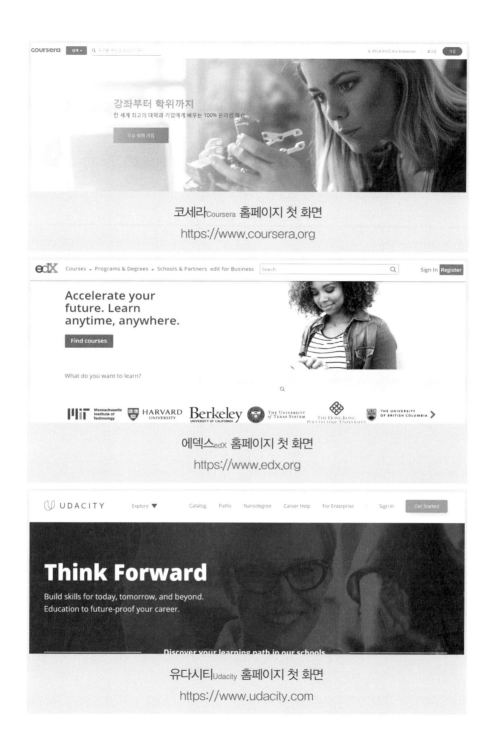

코세라Coursera 홈페이지 첫 화면

https://www.coursera.org

에덱스edX 홈페이지 첫 화면

https://www.edx.org

유다시티Udacity 홈페이지 첫 화면

https://www.udacity.com

2012년도를 기점으로 무크는 전 세계로 더욱 활발하게 확산되었습니다. 2013년도까지 독일의 'Iversity', 스페인의 'MiriadaX', 영국의 'Futurelearn', 프랑스의 'FUN', 호주의 'Open2Study', 일본의 'J-MOOC', 중국의 'XuetangX'가 설립되었습니다. 2014년도에는 말레이시아의 'Malaysia MOOC', 2015년도에는 인도네시아의 'IndonesiaX'가 설립되었으며, 우리나라도 'K-MOOC'를 시행하게 되었습니다. 이후 2016년도에는 태국에서도 'Thai MOOC'라는 이름으로 출범하였습니다. 무크는 지금도 계속해서 확산되고 있으며 더욱 발전하고 있습니다.

이렇게 하면 된다.
무크 레시피

1. 회원가입 및 로그인을 합니다.
2. 강좌 검색 1: 자신이 듣고 싶은 강좌의 주제를 '어떤 강좌를 학습하고 싶으세요'라고 적혀 있는 검색창에 직접 입력하여 찾습니다.
3. 강좌 검색 2: [강좌찾기]를 눌러 검색범위를 설정하여 원하는 강좌를 찾습니다.
4. 수강 신청을 합니다. 5. 강좌를 수강합니다.
활용 팁1. [참여기관] 배너에서 강좌가 개설된 기관을 볼 수 있다.
활용 팁2. [커뮤니티] 메뉴에서 각종 공지사항 및 정보를 얻는다.
활용 팁3. K—MOOC 공식블로그에서 각종 정보를 얻는다.

1. 무크들어가기 – 회원가입 및 로그인

인터넷 검색창에 http://www.kmooc.kr 주소를 입력하면 다음과 같은 화면이 나옵니다.

첫 화면

로그인 화면

2. 강좌검색방법1

검색란에 직접 원하는 강좌의 이름 및 키워드를 입력합니다.

3. 강좌검색방법2

[강좌찾기]를 누르면 오른쪽에 검색을 설정할 수 있는 [검색 범위 설정]이 있습니다. 검색범위 설정의 '개강상태', '주제(대분류–중분류)', '학습기간', '언어', '기관' '한국학/기타'로 구체적으로 원하는 강의 형태를 먼저 선택하여 검색할 수 있습니다.

1) 개강상태

개강상태를 클릭하면 전체, 진행 중, 개강예정, 종료(청강가능), 종료버튼으로 드롭박스가 형성됩니다. 만약 현재 진행 중인 강좌만 검색하고 싶다면, '진행 중'을 클릭해서 검색하면 됩니다.

2) 주제(대분류–중분류)

대분류

인문	154
사회	135
교육	23
공학	112
자연	68
의약	32
예체능	34
sec	1

중분류

언어 · 문학	61
건축	10
토목 · 도시	4

주제는 매우 다양합니다. 인문, 사회, 교육, 공학, 자연, 의약, 예체능, 언어·문학, 건축, 토목·도시, 교통·운송, 기계·금속, 전기·전자, 정밀·에너지, 소재·재료, 컴퓨터·통신, 산업, 인문과학, 화공, 농림·수산, 생물·화학·환경, 수학·물리·천문·지리, 의료, 간호, 치료·보건, 경영·경제, 디자인, 응용예술, 무용·체육, 미술·조형, 연극·영화, 음악, 법률, 사회과학, 교육일반, 특수교육 등 세부적이고 전문적인 부분도 함께 학습할 수 있게 구성되어 있습니다.

3) 학습기간 / 언어 / 기관 / 한국학 여부

학습기간	
단기(1~6 주)	20
중기(7~12 주)	165
장기(13주 ~)	374
언어	
한국어	518
영어	40
기관	
전체 ▼	

학습기간별로 조회가 가능하게 되어 있으며, 언어도 한국어로 되어있는지 영어로 되어 있는지에 따라 검색해 볼 수 있습니다. 기관은 대학명이 제시되어 있어 대학별 강의를 검색할 수 있습니다.

4. 수강신청하기

앞서 설명한 대로 한번 검색해 봅니다. 예를 들어 '유체역학'을 검색하면 아래의 화면으로 관련 키워드 강좌가 나옵니다.

'유체역학' 키워드로 검색한 화면

제일 처음 나오는 '유체역학'강좌를 들어가 보겠습니다.

유체역학

수강신청하기

🏛 강좌 소개

✏ 수업내용/목표

본 강좌는 전공심화 유체역학 강좌의 전반부로써 유체의 물리적 성질 및 거동을 이해하고, 유체 운동에 대한 지배
방정식과 해석방법론에 대해 강의한다. 세부적으로는 유체정역학, 유체운동학, 유체동역학에 질량, 운동량, 에너

🏷 분야　공학
(기계 · 금속)

🏛 운영기관　부산대학교

'유체역학'강좌를 클릭한 후 수강신청하기가 진행되는 화면

한 강좌를 클릭하면 이렇게 강좌에 대한 상세한 설명과 [수강신청하기] 클릭 버튼이 나옵니다.

강좌에 대한 상세한 설명을 원한다면 아래에 소개된 강좌소개 / 강좌운영계획 / 강좌 운영 팀 소개 / 강좌수강 정보를 참고하면 됩니다.

1) 강좌소개

강좌소개는 수업내용 및 목표, 홍보영상을 볼 수 있습니다. 또한 분야, 운영기관, 주간 학습 권장시간 및 학습인정시간, 수강신청기간, 강좌운영기간 등의 안내가 되어 있습니다.

2) 강좌운영계획

[강좌계획표 펼치기] 배너를 클릭하면 주차별 학습 내용 및 학습목표를 확인할 수 있습니다.

강의계획서

주차	주차명	학습목표
1	유체역학 소개 및 유체의 물리적 성질	유체역학 학습의 동기 부여와 유체의 특성과 관련된 물리적 성질들을 이해 한다.
2	유체정역학	정지된 유체의 압력분포를 이해하고, 유체의 압력을 측정하는 방법을 배운다.
3	정수력, 부력 및 강체운동	정지된 유체 속에 잠긴 표면과 물체에 작용하는 정수력을 계산하는 방법과 강체운동을 하는 유체 내의 압력분포를 구하는 방법을 배운다.
4	유체동역학	유체의 운동에 대한 뉴턴의 2법칙 및 열역학 1법칙을 적용하여 유동의 지배방정식을 유도한다.
5	베르누이방정식의 응용	유체역학에서 가장 광범위하게 사용되는 베르누이방정식의 적용 사례와 한계점에 대해 배운다.
6	유체운동학	유체운동의 기술방법과 유동의 가시화 방법, 속도장과 가속도장에 대해 배운다.
7	레이놀즈 수송정리	검사체적을 정의하고 시스템에 적용되는 물리법칙을 검사체적에 적용하는 레이놀즈 수송정리에 대해 학습한다.

중간시험

	중간시험	
9	유동의 적분해석 선형운동량 보존 법칙	레이놀즈 수송정리를 선형운동량 보존법칙에 적용하여 적분형 운동량 방정식을 유도하고, 이 식을 응용하는 방법을 배운다.
10	유동의 적분해석 각운동량 보존법칙	레이놀즈 수송정리를 각운동량 보존법칙에 적용하여 적분형 각운동량 방정식을 유도하고, 이 식을 응용하는 방법을 배운다.
11	유동의 적분해석 에너지 보존의 법칙	레이놀즈 수송정리를 에너지 보존법칙에 적용하여 적분형 에너지 방정식을 유도하고, 이 식을 응용하는 방법을 배운다.
12	유동의 미분해석	유체요소에 대한 질량 운동량 보존법칙을 적용하여 유동을 지배하는 미분방정식을 유도하고, 이 식을 응용하는 방법을 배운다.
13	퍼텐셜 유동	이상유체의 유동을 해석하는 퍼텐셜 이론에 대해 학습하고, 기본적인 퍼텐셜 유동과 이를 중첩한 유동의 공학적 적용방법에 대해 배운다.
14	점성유동 미분해석	점성유체의 유동을 지배하는 나비에-스토크스 방정식을 유도하고, 뉴턴유체의 점성 층류 유동의 해를 구하는 방법에 대해 배운다. 실제 유동의 해석에 사용되는 전산유체역학에 대해서도 간단히 소개한다.

기말시험

강좌운영계획표

3) 강좌운영 팀 소개

교수 및 조교 소개가 되어 있습니다.

4) 강좌 수강정보 및 참고문헌

이수 / 평가정보 및 교재 및 참고문헌이 안내되어 있습니다.

❶ 강좌 수강 정보

🎓 이수/평가정보

이수/평가정보

과제명	퀴즈	중간고사	기말고사
반영비율	40%	30%	30%

퀴즈(40%) : 학습활동의 지속성, 학습참여의 적극성을 유도해내기 위해 매주 다양한 퀴즈 실시. 퀴즈는 학습자가 스스로 학습내용을 정리하고 요약할 수 있도록 각 주차별로 2~3문제씩 제공.전체 평가에서 40% 반영.
중간고사(30%) : 1주차~7주차 내용을 종합하여 객관식 문제로 출제됨. 전체 이수 기준 30% 반영
기말고사(30%) : 8주차~13주차 내용을 종합하여 객관식 문제로 출제됨. 전체 이수 기준 30% 반영
※ 총 60% 이상 점수 획득 시, 이수증을 발급받을 수 있습니다.

📖 교재 및 참고문헌
Mumson, Okiishi, Huebsch, Rothmayer, "Fluid Mechanics, SI Version", 7th Edition, 2013, John Wiley & Sons, Inc.

강좌수강정보

5) 수강하기

원하는 강좌를 [수강신청하기] 버튼을 누르면 아래 화면과 같이 [내 강의실]이 나옵니다. [내강의실]은 수강강좌 / 청강강좌 / 이수 및 종료강좌로 구분하여 볼 수 있습니다.

내 강의실 화면

그렇다면 유체역학을 수강신청하였으니 학습하기를 클릭해 봅시다.

1) 홈은 강좌에 대한 기본적인 안내가 나옵니다.

첫 화면

안녕하세요, 유체역학 수강생 여러분!

12월 10일 월요일부터 드디어 유체역학 강좌가 시작됩니다.이번 유체역학 강의를 통해 유체역학의 매력에 빠져 들길 바랍니다.

그럼 1주차 강의 및 강의 관련 사항을 안내해 드립니다.

◈ 1주차 강의 안내 ◈

유체역학 소개 및 유체의 물리적 성질

◈ 강의 관련 안내사항 ◈

▶ 동영상 시청 안내

- K-MOOC 동영상은 최신 버전의 크롬Chrome에서 가장 호환이 잘 됩니다.
- 파이어폭스Firefox, 사파리Safari 그리고 인터넷 익스플로러Internet Explorer 버전 10 이상의 브라우저에서도 호환이 가능합니다.

  ※ 인터넷 익스플로러(Internet Explorer) 버전 9 및 그 이전 버전에서는 호환이 잘 되지 않으니 유의하시기 바랍니다.

- 동영상 화면 하단에서 자막(한국어/영어)을 설정할 수 있습니다.
- 모바일에서도 동영상 시청이 가능합니다. (구글스토어/애플스토어에서 K-MOOC 앱 다운로드)

▶ 퀴즈

주차별 강의마다 퀴즈가 제공되어 있습니다. 이수증 발급을 위한 평가점수에 반영되므로, 강의를 이수하신 후에 반드시 퀴즈를 풀어주세요.

▶ 온라인 중간고사/기말고사

중간고사와 기말고사는 정해진 기간에 온라인상으로 시행됩니다. 자세한 사항은 추후 공지하겠습니다.

▶ 이수증 발급

이수증은 총점 60점 이상일 경우에만 발급됩니다.

강좌에 대한 기본 안내

2) 강좌에 들어가면 본격적으로 수강할 수 있습니다.

[강좌]에서 1. INTRO 클릭 화면

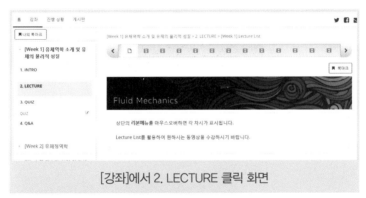

[강좌]에서 2. LECTURE 클릭 화면

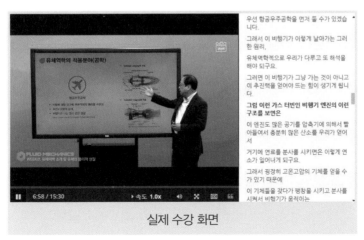

실제 수강 화면

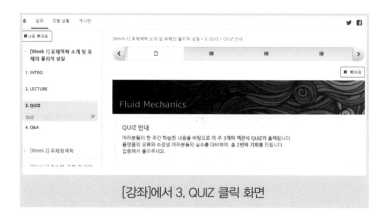

[강좌]에서 3. QUIZ 클릭 화면

[강좌]에서 4. Q&A 클릭 화면

3) 진행상황은 나의 수강 진행을 그래프로 보여줍니다.

[진행상황] 그래프

4) 게시판에는 게시물 및 토론을 할 수 있는 공간이 마련되어 있습니다.

[게시판] 화면

활용 팁1 **상단 배너 중 [참여기관]에서 강좌가 개설된 기관 둘러보기**

상단 참여기관을 누르면 참여 기관들을 볼 수 있습니다. 2015년부터 차례
로 참여하여 현재는 69개의 국내 유수 기관들이 참여하고 있습니다. 이를
살펴보면 내가 듣고자 하는 대학교를 한 번에 찾아보고 대학별로 열린 강의
를 찾기가 수월해집니다.

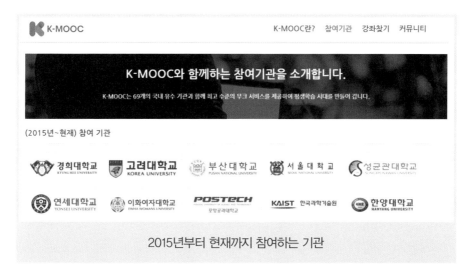

2016년부터 현재까지 참여하는 기관

2017년부터 현재까지 참여하는 기관

⊙ 참고로 KAIST, 광주과학기술원, DGIST, UNIST, POSTECH, UST는 STAR-MOOC 로 홈페이지 https://www.starmooc.kr 에서 운영하고 있습니다.

star-mooc 첫 화면

활용 팁2 **[커뮤니티]메뉴에서 각종 공지사항 및 정보 얻기**

[커뮤니티]에서는 공지사항, K-MOOC 뉴스, 자료실, FAQ를 활용할 수 있습니다.

[커뮤니티]의 공지사항 화면
K-MOOC 이수증 발급방법처럼 구체적인 내용을 안내받을 수 있습니다.

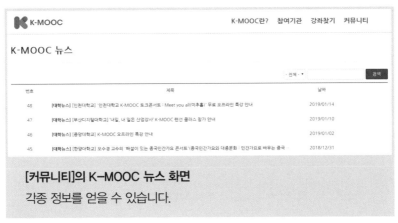

[커뮤니티]의 K-MOOC 뉴스 화면
각종 정보를 얻을 수 있습니다.

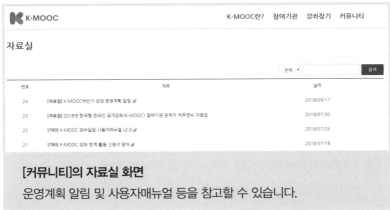

[커뮤니티]의 자료실 화면
운영계획 알림 및 사용자매뉴얼 등을 참고할 수 있습니다.

[커뮤니티]의 FAQ 화면
궁금한 부분을 질문할 수 있습니다.

활용 팁3 K-MOOC 공식블로그(https://blog.naver.com/kmooc_kr)에서 각종 정보 얻기

K-MOOC 공식블로그에 한번 접속해 볼까요?

K-MOOC 공식블로그 접속 화면

여기서는 [K 홈페이지] 탭을 클릭하면 K-MOOC사이트로 바로 연결이 가능하며, 공지사항&이벤트, K-MOOC정보, 유용한 정보 및 강좌 정보도 알 수 있습니다. 예를 들면 [강좌 정보] 탭에서 신설된 개강강좌 추천을 받는 것입니다. 또한 10대들을 대상으로 강좌를 추천해 주기도 하니 참고해 보세요.

개강강좌 추천 화면 일부

대학 입학을 준비하는 고등학생을 위한 활용팁

1. 학생부종합전형을 대비하라!

고등학생이라면 대입 전형의 하나인 '학생부종합전형'에 대비할 수 있는 좋은 도전이 될 수 있습니다. 학교 공부만으로 자신의 진로에 대한 깊이 있는 공부 또는 전공 지식에 대한 심도 있는 내용을 체계적으로 학습하기 위한 최적의 플랫폼이 바로 무크입니다.

만약 과학에 관심이 있다면, 관련된 강의를 듣고 이후 동아리 시간에 심화토론을 하거나 발표를 하면 어떨까요? 강의를 통해 탐구보고서를 작성하는 데 필요한 지식을 얻을 수도 있고, 책을 읽고 나서 흥미를 느낀 뒤 관련 강의를 찾아봐도 됩니다. 이와 같이 스스로 적극적으로 나서서 진로를 탐색하거나 자신의 관심 분야에 대한 지식을 쌓기 위해 노력한다면 학교생활기록부에 과목별세부능력특기사항 및 창의적체험활동에서 자율활동, 진로활동, 동아리활동 등에도 기재될 수 있고, 자기소개서의 소재가 되기도 하니 적극적으로 활용해 보세요.

2. 진로를 찾는 데 도움이 될 수 있다!

무크를 통해 진로에 대한 다양한 정보도 얻을 수 있습니다. 다양한 대학에서 개설되는 다양한 강좌를 검색하고 살펴봅니다. 자신이 무엇을 좋아하고 관심 있어 하는지, 어떤 것을 즐겁게 배우고 싶은지 스스로도 알지 못해 답답했던 경우가 있나요? 혹시 막연하게 직업의 안정성, 현재 인기 많은 학과로 단순히 진학하겠다고 생각하고 있지는 않나요? 진로는 대세를 따르는 것이 아니라 자신이 진정 원하는 것이 무엇인지 탐색하고 찾은 뒤 나만의 길을 선택해야 진정 즐거울 수 있습니다. 무크를 통해 다양한 분야의 강좌를 들어보며 자신의 흥미와 관심 분야를 직접 찾는 즐거움을 느껴 보세요.

무크 활용 및 성공 사례

성공 사례1 - 고등학생, K-MOOC로 꿈을 향해 나아가다.

K-MOOC 홈페이지 [공지사항]에는 국가평생교육진흥원에서 발행한 '제2회 한국형 온라인 공개강좌 K-MOOC 우수사례 공모전 수상작 수기집'이 탑재되어 있습니다. 이 수기집에는 K-MOOC를 통해 쉽게 경험할 수 없었던 것을 경험하게 되어 많은 도움을 받은 이야기들이 실려 있습니다. 그 중 고등학생과 대학생의 이야기를 소개하고자 합니다.

세상을 긍정적으로 만드는 재미난 게임을 만드는 것이 꿈인 학생이 있습니다. 이 꿈을 위해 게임을 만드는 방법을 배우고 싶었던 학생은 본인이 다니는 인문계 고등학교에서는 게임과 관련된 내용을 배울 기회가 거의 없었습니다.

어디서 게임과 관련된 이론을 배울 수 있을까요? 학교 공부에 지장 없이 배울 방법은 없을까요? 이런 고민을 하던 중에 학교 선생님께 K-MOOC 이야기를 들었습니다. "K-MOOC를 이용하면, 네가 원하는 시간에 아무 곳에서나 무료로 공부할 수 있어."라는 선생님의 말씀을 듣고, 그날 저녁 바로 K-MOOC에 게임과 관련된 과목을 찾았지만 막상 게임이라는 단어가 들어간 과목은 없었습니다.

그런데 '경험 디자인'이라는 과목명이 눈에 띄었습니다. "게임은 플레이어들에게 새로운 경험을 만들어주는 수단"이라는 말을 들었던 게 기억이 났고, 그렇게 경험디자인 과목을 공부하게 되었습니다.

경험 디자인에서 배운 내용을 바탕으로 모두의 이웃앱을 설계해서 경기콘텐츠진흥원에서 대상을 받고, 실제 앱 개발이 완료되어 경기도 지역에서 시범적으로 활용되었습니다.

이 학생은 수기의 끝자락에서 K-MOOC의 '경험 디자인'을 배워서, 꿈에 한발 더 다가갔다면서 대학에 가서도 학과에서 배우기 어려운 내용들을 K-MOOC를 통해 계속 찾고, 배우며 저만의 꿈을 만들어가겠다고 하였습니다.

그리고 또 다른 사례로 한 고등학생은 교내 창의력 자율동아리 'Brainstorming'을 창단하여, K-MOOC에 개설된 강좌 ' 창의적 발상'을 동아리 부원과 함께 하였습니다. 디자이너를 꿈꾸지만 '창의성'이란 단어를 제대로 해석해 낼 방법을 찾지 못했던 자신에게 K-MOOC는 새로운 시각을 갖게 하는 계기가 되었다고 하였습니다. 특히 체계적 발명사고(SIT)에 대한 사고 도구 가운데, 속성의존에 대한 이론을 배우면서 학교 내에서 불편함을 개선하는 기회를 마련하였습니다. 공동냉장고에 자기만의 먹거리가 자주 분실되는 상황을 해결하기 위해 사물인터넷과 연동해 만든 다가구용 냉장고를 디자인하였습니다.

어떤가요? 고등학생은 학교공부, 수능공부를 하느라 시간이 없다고 하지만 동아리 시간이나 자율학습 시간을 쪼개서 진정으로 자신이 공부하고 싶은 분야를 친구들과 함께 공부한다면 이 또한 큰 의미가 있는 활동이지 않을까요?

아마 꾸준히 강좌를 듣는 과정에서 자기주도적 학습역량 및 전공 관련 지식이 더욱 함양될 것입니다. 또한 친구들과 함께 공부하며 대화하는 과정에서 의사소통역량과 협동성이 함양될 수도 있습니다. 특히 학생부종합전형을 준비하려고 생각하고 있는 학생이라면 자신의 꿈을 이루기 위한 좋은 디딤돌로써 충분한 가치가 있는 활동입니다. 더 이상 망설이지 말고 직접 도전해 보세요!

성공 사례2 - 대학생, 취업 준비 및 전공 선택에 도움을 받다.

한 대학생은 항공 우주공학도로서 인공지능 드론 개발을 꿈꿔오며 이에 대한 기본 밑바탕이 되는 드론 항법제어 시스템을 이해하기 위해 K-MOOC 강의를 수강하였습니다. 알기 쉬운 드론항법 제어를 통해 드론의 기본적인 비행 원리를 이해하였고, 또한 제어 알고리즘을 설계하기 위한 기본지식을 자신의 것으로 소화하여 나만의 드론항법 제어 기본서로 정리하였습니다.

이를 바탕으로 드론 업체에 취업을 이룰 수 있었고 K-MOOC 강의를 통해 정리하였던 드론 기본서는 업무를 함에 있어서도 큰 도움이 되고 있다고 합니다. 드론 업계에 첫발을 디딘 이 학생의 최종목표는 스스로 주위상황과 임무를 판단하여 움직일 수 있는 인공지능 드론을 개발하는 것이라고 합니다. 이를 위해서는 드론의 항법제어 이외에도 여러가지 컴퓨터공학과 기계학습에 대한 전공지식이 필요한데, K-MOOC를 참고하며 공부하겠다는 포부를 밝혔습니다.

신문기사를 보면 무크를 통해 자신의 전공을 바꾸려는 학생의 사례도 있습니다. 대학교 2학년인 이씨는 한국형 온라인 강의 K-MOOC를 통해 지난해와 올해 손영종 교수(연세대 천문우주학과)의 '우주의 이해' 수업을 들었습니다. 이 강연은 이씨가 다니는 대학교 강의와 달리 학점 부담이 크지 않습니다. 한 주제의 강의를 처음부터 끝까지 다 들으면 수료증을 받을 수 있지만 원래 잘 알고 있던 주제

는 그냥 건너뛰고 원하는 강의만 선택해 들을 수도 있습니다. (중략)

대부분 온라인으로만 강의가 이뤄지지만 이 강의의 특성상 실습 차원에서 공개관측회도 진행했습니다. 이씨는 "교수님의 강의를 들으며 직접 뵙고 싶다는 생각을 했는데 관측회 때 교수님 책을 구매해서 사인도 받았습니다. 강의를 듣고 큰 천체 망원경으로 직접 별과 여러 가지 천체를 관측하며 눈앞에 펼쳐진 하늘의 경이로움에 감탄했다."고 말했습니다.

또한 "어릴 때부터 천문학에 관심이 많았지만 성적이 좋지 않아 물리학과에 입학했다. 이 강연을 들으면서 신비로운 미지의 공간인 우주의 매력에 더 빠져들어 천문학과로 전과할 계획이다."라고 말했습니다. _참조: 한겨레(2016.09.27.)

무크를 통해 전문 지식을 배우면서 취업에도 도움을 받을 수 있고, 어렸을 적 꿈을 이룰 수 있는 발판이 된다니 정말 대단하지 않나요? 성실한 태도로 부지런히 공부하는 마음가짐만 있다면 누구나 충분히 할 수 있다는 것을 잊지 말고, 온라인 교육 혜택을 마음껏 누려 보세요.

성공 사례3 - 무크로 해외 대학으로 진출하다.

"긍정적 자기소개서로 활용하기 충분한 무크"

인도의 아몰 바베이

인도 자발푸르라는 곳의 17세 아몰 바베이Amol Bhave 는 에드엑스edX에서 회로이론과 전자공학 코스에서 97점이라는 높은 점수를 얻은 후 MIT에서 합격 통지를 받았습니다. 코스를 들은 후 토론 포럼을 만들어 후속 코스를 만든 것을 MIT의 교수들이 보고, 에드엑스의 사장 역할을 하는 아난트 아가르왈 교수가 추천서를 써준 것입니다. _참조: EBSNEWS (2015.09.28)

몽골의 바투시 미안간바야

울란바토르에서 자란 몽골 소년 바투시 미안간바야Battushig Myangaynbayar는 열다섯 살 때 몽골에서 인터넷으로 미국 MIT 무크 수업 중 하나였던 전 기전자회로 강의를 온라인으로 들었습니다. 그리고 이 수업의 기말고사 에서 만점을 기록하였습니다. 이 수업을 인터넷으로 수강한 학생은 15만 명에 달했으나, 만점을 받은 학생은 단 340명뿐이었습니다. 바투시는 이 성적을 바탕으로 MIT에 지원했고 입학허가를 받았습니다. _참조: 조선일보 (2014.09.01.)

이 두 사례를 통해 우리는 어디서든 무크를 통해서 열심히 공부하면 원하는 대 학에 입학할 수 있는 가능성이 열린다는 것을 알 수 있습니다. 해외 대학을 막연 하게 동경만 하고 있었다면 더 이상 망설이지 말고 도전해 봅시다. 무크가 그 길 을 열어 줄 것입니다.

성공 사례4 - 해외취업의 발판이 될 수 있는 무크 이수증

해외 취업을 원한다면 해외 무크를 수강하는 것이 '스펙'이 될 수 있습니다. 세 계 최대 구인·구직 소셜네트워킹서비스인 링크드인LinkedIn은 2013년부터 프로필 에 무크 수료 이력을 넣을 수 있도록 했습니다.

링크드인(https://www.linkedin.com/)

　　구글의 소프트웨어 엔지니어인 자키르 칸은 사실 세일즈와 마케팅 분야에서 일해 왔으며 IT에는 문외한이었습니다. 프로그래밍은 (자신과는 상관없는) 남의 일이라고 생각했던 그는 무크MOOC 과정인 유다시티Udacity가 구글과 함께 만든 '나노 학위'인 나노디그리Nanodegree에 등록해 안드로이드 앱 개발 등 구글이 원하는 소프트웨어 지식을 쌓았습니다. 그 결과 구글에서 소프트웨어 엔지니어로 일할 수 있는 기회를 잡게 되었습니다. _참조: 매일경제(2015.11.28.)

　　유다시티는 기업과 협력하여 4차 산업혁명에 필요한 기업이 원하는 진짜 지식을 가르치기 위하여 구글 외에도 AT&T, 오토데스크, 세일즈포스, 아마존, 페이스북 등 미국 유명 기업들과 함께 '나노 학위'인 나노디그리 과정을 만들었습니다. 강의를 모두 들으면 수강료의 반을 돌려주며, 이 과정을 성공적으로 통과한 수강생들은 자격증을 받습니다. 이는 기업이 진짜 원하는 지식을 쌓았다는 것을 뜻하는 증명서와 같은 것이죠.

　　여러분도 4차 산업혁명 시대가 요구하는 인재가 될 수 있습니다. 의지를 가지고 한번 도전해 보세요.

Tip 이것 하나만 알자. 무크 마스터

1. 원하는 대학교 강좌를 어디서든 무료로 들을 수 있습니다.

2. 대학 정규 수업과 같이 수강신청과 출석체크, 과제와 시험이 있습니다.

3. 대학 정규 수업처럼 수강기간이 제한되어 있으니 개강기간을 확인하세요. 만약 수강신청을 하지 않은 종료 강좌는 청강을 허용한 강좌에 한해 종강일 이후 청강 신청이 가능합니다.

4. 강사와 소통하며 피드백을 받을 수 있습니다.

5. 함께 수강하는 사람들과도 자유롭게 질문하고 토론함으로써 함께 공부하는 재미를 더욱 느낄 수 있습니다.

6. 무크 강좌를 수강한 이후에는 직무 능력으로 인정되는 수료증을 발급받을 수 있습니다. 단, 청강의 경우에는 이수증 발급은 불가하니 참고하세요.

7. K-MOOC 공식블로그(https://blog.naver.com/kmooc_kr)를 통해 개인적으로 더욱 궁금한 부분을 찾아볼 수 있습니다.

플러스 팁

교육부는 대학처럼 학생들이 교과를 선택하고 강의실을 다니며 수업을 듣는 방식인 '과목선택제'를 토대로 학점과 졸업을 연계하는 제도인 '고교학점제'를 2022년도에 전면 도입할 예정이라고 하였습니다. 이미 2018년부터 시범운영하는 '고교학점제'가 도입이 되는 2022년도에는 무크가 더욱 활성화가 되어 있을 가능성이 높습니다. 이미 원하는 강의를 언제 어디서든 원하는 대로 들을 수 있는 온라인 교육 시대가 왔습니다. 무크를 통해 여러분의 꿈을 찾고, 그 꿈을 향해 마음껏 공부하고 펼쳐나가 보세요! 교실의 또래를 넘어 무크 수업에서 만날 수 있는 다양한 수강생들과 교류를 하면서 꿈을 키워나가길 응원합니다.

PART 4

궁금해요,
내게 맞는
미래교육 찾기

컴퓨터나 스마트폰을 이용해서 공부할 때, 계속 딴짓을 하게 됩니다. 온라인 학습을 집중해서 할 수 있는 방법은 무엇일까요?

컴퓨터나 스마트폰을 이용하여 공부를 하다 보면 딴짓을 하기 쉽습니다. 이것은 온라인 교육을 통해 공부하는 사람이라면 누구나 겪을 수 있는 자연스러운 현상입니다. 다음과 같은 방법을 이용하여 집중력 있게 온라인 학습을 할 수 있습니다.

첫째, 철저히 계획을 세워라.

온라인 교육이 시간과 공간을 초월해 들을 수 있지만 오히려 이것이 독이 될 수도 있습니다. 따라서 공부의 효율을 높일 수 있도록 내가 공부하고자 하는 강좌의 시간 계획을 철저히 세워야 합니다.

둘째, 주변의 방해꾼을 제거해라.

온라인 교육은 자신이 학습 속도를 조절할 수 있기에 언제든지 공부를 중단할 수 있습니다. 특히 카카오톡과 페이스북 같은 메신저는 온라인 교육을 방해합니다. 따라서 온라인 교육을 들을 때 이런 메신저는 잠시 잊고 공부할 있도록 합니다.

셋째, 친구와 함께 공부하는 것도 방법이다.

관심 분야가 같은 친구와 함께 온라인 교육을 통해 공부한다면, 서로 공부한 것에 대해 토의·토론을 할 수 있으며, 끝까지 한 강좌를 들을 수 있기 때문에 집중력이 더 높아집니다.

넷째, 욕심을 버려라.

온라인 교육은 철저히 자기 계획을 통해서 속도를 조절할 수 있기 때문에 의욕이 앞서 너무 많은 공부를 한 번에 하고자 하면 오히려 빨리 지치기 쉽습니다. 따라서 한 강좌를 듣더라도 알차게 듣기 위해서는 무리해서 계획을 세우지 않는 것이 중요합니다. 그리고 한 강좌가 끝날 때마다 충분한 휴식시간 및 학습 내용 정리 시간을 갖도록 합니다.

더 알아보기	왜 온라인 교육을 선호할까	Page.43

Q&A 2

최근 언론에서 4차 산업혁명에 대해서 이야기를 많이 합니다. 4차 산업혁명이란 무엇이고, 앞으로 미래사회를 살아가기 위해서는 어떤 준비를 어떻게 해야 할까요?

'제4차 산업혁명'이라는 용어가 보편적으로 회자되기 시작한 것은 2016년 1월 스위스에서 열린 세계경제포럼 이후입니다. 1, 2차 산업혁명이 증기와 전기의 발달로 인한 사회 변화라면 3차 산업혁명은 컴퓨터와 인터넷의 발달이 산업과 사회 구조를 바꾸는 동력으로 이는 4차 산업혁명까지 이어졌습니다. 4차 산업혁명은 인공 지능, 사물 인터넷, 빅 데이터, 모바일 등 첨단 정보통신기술이 경제·사회 전반에 융합되어 혁신적인 변화가 나타났고, 이제 더 이상 같은 시간에 같은 공간에서 같은 내용을 배우지 않을 것입니다.

미래에는 글로벌 인재가 필요합니다. 글로벌 인재는 창의적 사고와, 융합적 사고가 높은 사람으로 "에디슨, 백남준, 빌게이츠, 스티브 잡스"와 같은 사람을 말합니다. 이러한 글로벌 인재가 되기 위해서 미래의 변화를 알고, 대비하는 것이 중요할 것입니다. 미래에는 학습하는 방식이 과거처럼 책이나 학교에서의 배움으로 충족되지 않을 것입니다. 즉 온라인 교육의 중요성이 더 부각될 것입니다. 온라인 교육은 시간과 공간의 제약을 극복할 수 있으며, 자신이 배우고자 하는 것을 자신만의 속도로 배울 수 있는 장점이 있기 때문에 미래의 주요 교육방식이 될 것입니다.

더 알아보기	이제는 글로벌 인재가 필요하다	Page.34

Q&A 3

평소에 수학 공부를 많이 하지 않아서 수업을 따라가기가 힘들어요. 기초부터 제대로 공부해야 할 것 같은데, 제가 어디서부터 공부를 해야 하는지 잘 모르고 어떤 부분이 약한지 잘 모르는데 어떻게 해야 하나요?

수학 과목은 다른 과목과 비교해서 초기에 학습 결손이 발생하면 만회하기가 어려운 과목입니다. 왜냐하면, 수학은 초등학교 때 배운 것을 기초로 점점 어려워지는 방식으로 교육과정이 구성되어 있기 때문입니다. 따라서 중학생이 되었을 때, 수학 공부에 어려움을 겪는다면 혼자만의 힘으로 학습 결손을 메우기가 어려울 수 있습니다.

이때, 칸 아카데미를 활용하여 부족한 부분을 좀 더 쉽게 공부할 수 있습니다. 칸 아카데미는 초등학교, 중학교 수학 과정에서 자신이 부족한 부분을 진단평가를 통해 찾고, 동영상과 연습 문제를 통해 배울 수 있습니다. 또한 자신의 진도에 맞춰서 스스로 시간을 조절할 수 있어서, 과도한 학습으로 인한 스트레스를 줄일 수 있다는 장점이 있습니다.

칸 아카데미의 가장 큰 장점은 부모가 특별한 도움을 주지 않아도 옆에서 같이 문제를 도와주고, 간단히 진도를 확인하기만 해도 학생들 스스로 문제를 해결할 수 있다는 점입니다. 칸 아카데미는 다양한 수학의 개념을 배울 수 있는 동영상을 제공하고, 문제풀이가 끝나면 즉각적인 피드백을 해줍니다. 그리고 결과에 따라 학생이 잘하는 것과 못 하는 것을 파악해서 학생 수준에 맞는 문제를 제시하기 때문에 자신의 성취수준에 맞는 솔루션을 제공받을 수 있습니다.

| 더 알아보기 | 이렇게 하면 된다. 칸 아카데미 레시피 | Page.111 |

Q&A 4
최근 들어 주위에 미국 유학을 위해서 SAT 공부를 하는 학생들이 늘고 있습니다. SAT 공부는 어떻게 시작하면 좋을까요?

미국 유학에 필수적인 코스로 여겨지는 SAT, 주위에서 종종 이름을 들어서 익숙한 시험이지만 막상 공부를 시작하려고 하면 어떻게 공부를 시작해야 할지 막막한 것이 현실입니다.

칸 아카데미 SAT는 공인된 학습 과정으로 스스로 공부할 수 있도록 콘텐츠를 제공합니다. 더불어 e-메일을 통해 지속적으로 관리를 해주기 때문에, 학습 계획을 세우고, 실천할 수 있는 동기를 부여하고 있습니다.

Q&A 5

수학을 칸 아카데미를 통해 배우듯이, 다른 과목들도 배워보고 싶습니다. 어떤 방법이 있을까요?

　칸 아카데미는 수학 중에서도 초등에서 중학교 수준까지 내용을 중점적으로 다루고 있습니다. 미국 칸 아카데미에는 사회, 과학, 미술 등 다양한 분야가 있지만, 아직 한국에는 번역이 되지 않았기 때문에 다른 과목을 배울 방법을 소개해 드리겠습니다.

　최근 들어서 온라인을 이용한 쌍방향 의사소통이 가능한 플랫폼들이 점차 보급되고 있습니다. 그중에서도 e학습터와 교실온닷 등 다양한 교과목을 학습할 수 있는 플랫폼들이 있습니다. 초등학교와 중학교 내용이 포함됨 e학습터와 고등학교 교과목 위주의 교실온닷은 학생들의 자기주도적 학습 능력을 향상하는 데에 큰 역할을 할 수 있습니다. 이들 플랫폼의 가장 큰 장점은 무료라는 점이고, 그중에서 교실온닷은 쌍방향 의사소통이 가능하다는 장점이 있습니다.

　현재까지 온라인 교육에서 가장 큰 비중을 차지하는 것이 EBS였다면, 이제 교육부에서 운영하는 교실온닷은 앞으로 학교 교육에서 다루지 못하는 부분을 한층 더 채워 줄 것으로 보입니다.

더 알아보기　　　소프트웨어 교육 및 학교 공부 혼자서도 문제없다　　　Page.59

Q&A 6

내년부터 학교에서 소프트웨어(코딩)를 공부한다고 하는데, 저는 소프트웨어에 대해서 한 번도 들어 본 적이 없어서 막막합니다. 학교 수업에 앞서 미리 소프트웨어에 대해서 접해 보고 싶은데 어떤 방법이 있을까요?

2015 개정 교육과정부터 초·중등학교에 소프트웨어 교육이 도입되었습니다. 그래서 부모들은 '또 다른 공부할 거리가 추가되는 것이 아닌가?' 하는 고민을 하기도 합니다. 특히 소프트웨어 교육에서 코딩이라는 단어를 처음 접하는 학생들은 영어로 되어있는 명령어와 많은 숫자로 당황해할 수도 있습니다.

이런 변화의 흐름에 맞춰 소프트웨어 교육을 위한 많은 무료 플랫폼들 보급되고 있습니다. 이 플랫폼들은 다양한 활동을 통해서 소프트웨어에 대한 전반적인 지식과 블록 코딩부터 텍스트 코딩 등을 배울 수 있도록 구성되어 있습니다. 학습자에게 맞는 플랫폼을 선택해서 학습함으로써 미래사회에 필요한 지식을 배우는 기회가 될 것입니다.

더 알아보기	소프트웨어 교육 및 학교 공부 혼자서도 문제없다	Page.59

Q&A 7

영어공부를 재미있게 하고 싶어요. 영어로 된 텍스트를 읽거나 영상을 볼 때 효과적인 학습법은 무엇이고, 어떻게 해야 하나요?

재미있게 공부하기 위해서는 우선 내가 흥미가 있어야 하겠지요. 영어로 된 텍스트나 영상을 선택할 때 우선 자신의 관심 분야나 관심 인물들 위주의 자료를 찾아보세요. 만일 내가 여행이나 요리에 관심이 있다면 여행이나 요리 관련 텍스트나 영상을 찾아보고, 유명한 요리가나 여행 작가 관련 자료를 찾아볼 수 있습니다.

흥미 있는 분야의 자료를 선택하는 것 외에 영어 동화책이나 애니메이션 영상을 추천합니다. 영어 동화책은 내용 중 다소 어려운 표현들이 나오더라도 그림을 보며 책 내용을 쉽게 파악할 수가 있습니다. 애니메이션이 가미된 재미있는 영상도 요즘은 쉽게 검색할 수 있습니다. 이런 자료들은 재미가 있기 때문에 공부를 하면서도 쉽게 지치지 않겠죠.

하지만 어떤 자료로 공부하든지 간에 가장 중요한 것은 매일 꾸준하게 해야 한다는 것입니다. 하루에 몰아서 7시간 공부하는 것보다 매일 1시간씩 공부하는 게 훨씬 더 효율적입니다.

예를 들어서, 테드에드 영상을 가지고 공부하기로 마음을 먹었다면 매일 영상 하나씩을 봅니다. 내용 파악 및 단어 정리 후 전체 내용을 소리 내어 말할 수 있을 때까지 반복해서 읽고 영상 속도에 맞게 따라해 보는 것이 중요합니다. 영어를 공부하는 양도 중요하지만 완전히 내 것이 될 수 있도록 깊게 공부하는 것도 중요합니다.

| 더 알아보기 | 이렇게 하면 된다. 테드 레시피 | Page.137 |

테드나 테드에드를 자막을 켜고 듣는다면 한국어 자막을 먼저 듣는 것이 좋을까요, 영어 자막을 먼저 켜고 듣는 것이 좋을까요? 그리고 모르는 단어가 나오면 어떻게 하나요? 효과적인 공부 방법을 알고 싶어요.

테드나 테드에드를 활용하여 영상을 들을 때 가장 이상적인 것은 물론 자막을 보지 않고도 영상의 내용을 모두 이해하는 것이겠지요. 하지만 처음부터 자막 없이 영상의 내용을 모두 이해하기는 누구나 힘들 것입니다.

테드나 테드에드로 처음 공부를 시작할 때는 한국어 자막을 켜고 영상을 보면서 전체 내용을 이해하는 것을 추천합니다. 맥락을 이해하게 되면 들리지 않던 단어가 들리는 경우도 있으니까요. 한국어 자막을 켜고 영상을 보면서 영상에서 말하고자 하는 바를 어느 정도 파악한 후 영어 자막을 켜고 다시 한 번 보면 '아, 내가 들리지 않았던 부분의 표현이 저거였구나.'라는 것을 느낄 수 있을 것입니다.

영상을 처음 볼 때부터 모르는 단어를 하나하나 찾으려고 하면 영상을 보는 시간도 길어지고 흐름도 깨집니다. 영어 원서를 읽을 때처럼 영상을 볼 때도 처음에는 전체 내용을 먼저 파악하도록 하세요. 하지만 영상을 내가 정해놓은 숫자만큼 반복해서 들은 후에는 모르는 단어는 반드시 찾아서 정리해 두어야 합니다. 그리고 단어를 정리할 때 그냥 단어와 뜻만 노트에 적어두지 말고 반드시 소리를 내어 읽어봐야 합니다. 내가 발음할 수 있는 단어라야만 다른 사람이 이야기할 때 들립니다. 막연하게 영상을 반복해서 많이 듣는다고 해서 듣기 실력이 느는 것은 아닙니다. 반드시 내가 뜻을 알고 소리를 내어 말할 수 있는 단어만 들린다는 사실을 명심하세요.

하나의 동영상에 대한 내용 이해와 단어 파악이 다 되었다면, 될 수 있으면 동영상 전체 스크립트를 외우다시피 하여 영상에 나오는 스피커의 속도에 맞춰 같이 전문을 읽어보는 것을 권합니다.

| 더 알아보기 | 테드(테드에드) 활용팁 | Page.160 |

Q&A 9

학원 숙제에 학교 과제에 다른 과목 공부도 해야 하는데 집에서 혼자 영어 공부할 시간이 부족합니다. 효과적인 영어 학습법을 소개해 주세요.

영어 학습에 있어 가장 중요한 것은 매일 꾸준하게 하는 것입니다. 하루 30분에서 1시간 정도는 꾸준하게 영어 공부를 하는 것이 좋습니다. 주변에 좋은 자료들은 이미 널려 있습니다. 아무리 좋은 자료가 있더라도 그것을 내 것으로 만들지 않는다면 아무 소용이 없겠죠?

하루 30분에서 1시간 이내에 할 수 있는 영어 공부법으로 쉐도잉Shadowing을 소개합니다. 쉐도잉은 귀로 들으면서(listening) 동시에 입으로 따라 말하는(speaking) 방법을 뜻합니다. 원어민의 말을 1초 이내로 따라하면 됩니다. 리스닝과 스피킹 연습을 동시에 할 수 있다는 장점이 있습니다. 미국의 Alexander Arguelles 교수가 개발한 영어학습법입니다.

쉐도잉을 처음 시작할 때는 스크립트도 같이 보면서, 소리를 듣고 따라하는 것도 괜찮습니다. 듣기 연습을 많이 해서 어느 정도 들린다면 스크립트 없이 소리만 듣고 따라하면 됩니다. 유튜브에서 'shadowing practice'로 검색하면 좋은 자료들이 많이 나옵니다.

소리만 듣기, 보면서 읽기, 보면서 문장 따라 말하기, 보지 않고 따라 말하기 등 다양한 형태로 변형하여 자신의 수준에 맞게 활용할 수 있습니다.

자신이 관심 있는 분야의 영상을 매일 한 편씩 보면서 쉐도잉을 하다 보면, 듣기 실력뿐만 아니라 독해 실력, 말하기 실력 향상뿐만 아니라 발음도 자연스럽게 좋아지게 될 것입니다.

더 알아보기	테드(테드에드) 활용 및 성공 사례	Page.161

Q&A 10

저는 고등학교 1학년 학생입니다. 제가 원하는 진로에 대한 공부를 하고 싶은데, 학교에서 배우는 것과는 거리가 좀 있습니다. 학원을 알아봐도 쉽지가 않습니다. 어떻게 방법이 없을까요?

우선 정말로 자신이 하고 싶은 일이 무엇인지, 그리고 나의 강점과 약점은 무엇인지 파악하는 것이 중요합니다. 자신이 하고 싶은 공부가 생겼다면 이제 K-MOOC 또는 칸 아카데미를 통해서 고등학교에서 배우지 못하는 다양한 심화된 공부를 미리 할 수 있습니다.

K-MOOC에서는 미리 대학 전공과 관련된 내용을 배울 수 있습니다. 인문, 사회, 교육, 공학, 자연, 의약, 예체능, 언어·문학, 건축, 토목·도시, 교통·운송, 기계·금속, 전기·전자, 정밀·에너지, 소재·재료, 컴퓨터·통신, 산업, 인문과학, 화공, 농림·수산, 생물·화학·환경, 수학·물리·천문·지리, 의료, 간호, 치료·보건, 경영·경제, 디자인, 응용예술, 무용·체육, 미술·조형, 연극·영화, 음악, 법률, 사회과학, 교육일반, 특수교육 등 세부적이고 전문적인 부분도 함께

학습할 수 있게 구성되어 있습니다.

칸 아카데미를 통해서 수학, 과학과 관련된 심화된 내용도 들을 수 있습니다. 칸 아카데미는 특히 현재 자신의 수준을 파악해 심화, 보충 학습할 수 있도록 제시하고 있어 본인의 현재 학업 수준을 파악할 수 있는 장점도 있습니다.

더 알아보기	이렇게 하면 된다. 무크 레시피	Page.183
	이렇게 하면 된다. 칸 아카데미 레시피	Page.111

Q&A 11

저는 고등학생입니다. 학교에서 과학을 배우지만, 더 심화된 내용을 공부하고 싶습니다. 대학 전공공부를 미리 하고 싶은데 학교에서는 함께 하려는 친구들을 찾기 힘듭니다. 독학은 자신이 없어요. 혹시 방법이 없을까요?

대학 전공공부를 미리 공부하려면 대학 전공 책을 참고해야 합니다. 만약 비슷한 부분을 공부하고자 하는 친구들이 있다면 자율동아리를 만들어 함께 물어보고 가르쳐주면서 서로 피드백을 한다면 더욱 쉽게 공부할 수 있습니다.

그러나 혼자서 한다면 정말 막막한 생각이 들텐데요. K-MOOC 사이트에서 해결해 보는 것은 어떠세요? K-MOOC 사이트인 http://www.kmooc.kr에 한번 접속해 보세요. 여러 가지 주제의 대학 강좌를 들을 수 있습니다.

K-MOOC는 일반 온라인 교육과는 다른점이 있습니다. 실제 대학강좌를 수강하는 형식으로 진행되어 체계적인 관리를 받을 수 있습니다. 일정한 기간에 걸

쳐 수강할 수 있으며, 과제 및 시험을 치는 형식으로 제대로 공부할 수 있는 기회를 가질 수 있습니다. 일방향 수업이 아니라 온라인 커뮤니티를 통해 교수님께 질문을 할 수도 있고, 같은 수강생들과 토론을 하면서 서로 피드백을 할 수 있는 쌍방향 수업으로 진행됩니다. 온라인으로 함께 소통하면서 공부할 수 있는 좋은 기회입니다.

더 알아보기	무크 활용 및 성공 사례	Page.199

Q&A 12

저는 해외 취업을 목표로 하고 있는 학생입니다. 해외 기업들이 어떤 사람을 뽑고 싶어 하는지, 그 기업에 들어가려면 어떤 것들을 공부해야 하는지 막막합니다. 도와주세요.

'코세라Coursera', '에덱스edX', '유다시티Udacity' 등 다양한 해외 무크MOOC를 이용해 보세요. 특히 유다시티는 기업과 협력하여 4차 산업혁명에 필요한 기업이 원하는 진짜 지식을 가르치기 위하여 구글 외에도 AT&T, 오토데스크, 세일즈포스, 아마존, 페이스북 등 미국 유명 기업들과 함께 '나노 학위'인 나노디그리 과정을 만들었습니다.

그리고 테드를 활용하여 다양한 정보를 얻을 것을 추천합니다. 테드에는 미래 사회에 필요한 인재에 관한 이야기, 여러 분야에서 성공한 사람들의 이야기, 역경을 극복하고 성공한 사람들의 이야기 등 다양한 사람들의 인생에 관한 이야기가 있습니다. 이러한 이야기를 들어보는 것도 해외 취업을 준비하는 데 도움이 됩니다.

Q&A 13

테드 무대에서 강연을 하고 싶어요. 학생인 저도 테드 무대에 설 수 있을까요? 가능하다면, 테드 스피커가 되는 방법을 알고 싶습니다.

학생들도 테드 무대에 서는 경우가 종종 있습니다. 테드에드 클럽이라는 모임이 있는데요. 마음 맞는 학생들끼리 자율 동아리처럼 테드에드 클럽을 만들어서 자신이 이야기하고 싶은 주제를 가지고 스피치를 하는 모임입니다.

테드에드 클럽 활동을 하다 보면 테드에드 위크를 통해 전 세계에 있는 학생들과 화상통화를 할 수 있습니다. 테드에드 클럽 학생들이 테드 컨퍼런스에 초청받기도 하고요. 테드에드 위크와 테드에드 클럽 활동을 통해 테드 스피커로 발탁되기도 합니다.

테드에드 클럽 이외에도 테드 스피커를 신청하는 방법이 있습니다. 테드 콘퍼런스가 열릴 때마다 테드 스피커 지원을 받습니다. 이때 신청하면 됩니다. 테드는 테드 컨퍼런스 이외에도 각 나라나 지역별로 TEDx라는 이름으로 다양한 테드 행사가 있습니다. 우리나라에서도 TEDx 무대가 열리니 우리나라에서 하는 테드 무대부터 도전해 보는 것도 좋을 것 같습니다.

TEDxSNU 활동을 참고하면 이해하는 데 도움이 될 거예요.

https://www.ted.com/tedx/events/31599

https://www.facebook.com/tedxkoreauniv

| 더 알아보기 | 이것 하나만 알자, 테드에드 클럽 | Page.158 |

Q&A 14

저는 고등학교 3학년입니다. 원하는 학과가 두 개 있는데, 어떤 학과에 들어가야 할지 결정을 못하겠습니다. 미리 대학 강의를 들어보고 싶을 정도로 막막한 기분이 듭니다. 어떻게 하면 좋을까요?

K-MOOC에 한번 들어가 보세요. 원하는 대학교의 원하는 학과의 강좌가 개설되어 있다면 각각 다 수강해 보길 바랍니다. K-MOOC가 시작된 2015년부터 차례로 대학들이 참여하여 현재는 약 69개의 국내 유수 기관들이 참여하고 있습니다. 대학교별 강좌도 검색할 수 있으니 참고하세요.

중학교나 고등학교에서는 대학교에서 어떤 내용을 배우는지 구체적으로 모릅니다. 무크 과정을 통해 실제 대학에서 진행하고 있는 교수들의 수업을 미리 들어 볼 수 있습니다. 그리고 자신이 관심있는 학과를 미리 체험해볼 수 있습니다.

| 더 알아보기 | 무크, 무엇이 다를까 | Page.174 |

창의력과 같은 막연해 보이는 것들은 어떻게 배울 수 있나요?

K-MOOC 사이트의 [강좌찾기]에서 '창의력'을 입력해 보세요. 아래의 화면처럼 창의력에 대한 강좌들이 필터링될 것입니다. 무려 14개나 검색이 됩니다.

[강좌찾기]에서 '창의력'을 입력한 화면

자유롭게 수강하여 여러분의 창의력을 한껏 높여 보세요. 혼자 공부하기 힘들다면 동아리를 구성하여 친구들과 함께 공부해 보면 더욱 쉽게 공부할 수 있을 것입니다.

| 더 알아보기 | 이렇게 하면 된다. 무크 레시피 | Page.183 |

영어의 기초가 없는 학습자가 완전 기초 개념부터 학습할 수 있는 사이트가 있을까요?

유튜브 혼공TV는 영어 무료 인터넷 강의를 제공하고 있습니다. 한국의 칸 아카데미를 지향하는 혼공TV는 허준석 선생님이 강의를 촬영하고 업로드하고 있습니다. 모든 강의는 무료이며 무료 교안이 있는 강의와 교재를 사서 듣는 강의로 나누어집니다. 무료 교안은 혼공 영어 카페(https://cafe.naver.com/junteacherfan)에서 다운받거나, 유튜브 강의 영상 아래 설명란의 링크를 클릭하면 다운받을 수 있습니다.

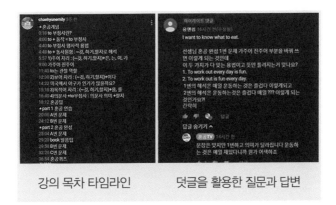

강의 목차 타임라인   덧글을 활용한 질문과 답변

더 알아보기	유튜브로 세상을 읽는 아이들	Page.47

참고 문헌

Part 1

김진숙, 김호아, 배창호 (2017). 4차 산업혁명시대의 미래교육 준비하기. KERIS 종합교육연수원 초등교원 직무연수 자료

김태완 (2015). 미래학교 도입을 위한 기본설계 구상. 서울: 한국교육개발원

부산일보 (2018.9.19.). 4차산업 교육혁명 시작종 울렸다. 미래와 미래가 만날 때

산업통상자원부 (2018). 이러닝산업실태조사

서울경제 (2018.1.14.). 캠퍼스 없는 대학, 6개월짜리 학위, 세계는 교육혁명 중

시사IN (2018.02.22.). 10대는 유튜브로 세상을 읽는다

용어로 보는 IT (2016.2.4.). 디지털 노마드-시간과 장소 구애 없이 일하는 디지털 유목민

이정기 (2017). 대학생들의 K-MOOC 수강의도 결정요인 연구-IMTBPT를 중심으로. 사회과학연구

채재은 (2018). 해외의 교육시스템이 '진화'하고 있다. 교육부, 행복한 교육 10월호

최연구 (2017). 4차 산업혁명시대의 미래교육 예측과 전망. FUTURE HORIZON. (33), 32-35.

한경 경제용어사전. 디지털 노마드, Z세대

한기순, 안동근 (2018). 제4차 산업혁명시대 과학영재교육의 인재상 및 방향성 탐색. 영재와 영재교육. 16(4), 5-27.

Huffpost(2017.2.10.) 2030년 학교 교육은 어떤 모습일까?

Postman, N. & Weingartner, C.(1971). Teaching as a subversive Activity. London: Penguin.

Part 2

동아닷컴 (2018.8.7.). "'수포자'를 구하라"…예능 프로, 로맨스물까지 등장 '인기'.

비즈니스와치 (2018.8.14.). "범생이 NO…문제 잘 내는 개발자가 뜬다."

조선에듀 (2018.3.22.). [아이비리그 출신 김기영 대표의 IT교실] 스크래치 교육의 명과 암

Part 3

강선영, 김정숙, 김수경. (2016). 대학교육에서 K-MOOC와 KOCW 온라인 강의의 활용성 비교 분석. 한국교양교육학회 학술대회 자료집

교수신문 (2014.6.16.). '온라인 교육혁명', 대학 강의실 변화를 부른다

교수신문 (2018.4.9.). '한국형 온라인 공개강좌'(K-MOOC), 대학 담장 허문다

교육부 (2018). 2018년 한국형 온라인 공개강좌 (K-MOOC) 운영계획

교육부 공식블로그 (2018.11.28.). 한국형 온라인 공개강좌(K-MOOC), 내년부터 누구나 학점 취득 가능

구예성. (2016). 대학의 K-MOOC 개발과 운영에 대한 요구분석 및 개선방안. 숙명대학교 석사학위논문

국가평생교육진흥원 (2017). 제2회 한국형 온라인 공개강좌 K-MOOC 우수사례 공모전 수상작 수기집

국가평생교육진흥원 (2018.4.12.). 2018년 한국형 온라인 공개강좌(K-MOOC) 사업설명회 자료집

국가평생교육진흥원 (2018.4.13.). 2018년 한국형 온라인 공개강좌(K-MOOC)운영사업 사업설명회 Q&A 자료집.

동아일보 (2016.10.15.). 외국의 '무크' 어디까지 발전했나

매일경제 (2015.11.28.) [토요 FOCUS] 구글이 만든 무크 과정 듣고 구글 엔지니어로 취업했어요

미래전략정책연구원 (2016). 10년 후 4차 산업혁명의 미래. 경기도: 일상과 이상

배예선, 전우천. (2014). 온라인 공개 강좌 MOOC의 현황 분석 및 개선안 연구. 한국정보통신학회. 18(12), 3005-3012.

베리타스알파 (2017.3.16.). K무크 강좌 300개 확대.. 신규 선도대학 10개교 선정

서울신문 (2016.5.1.). 2학기부터 온라인 강좌 학점 인정

아이뉴스24 (2013.5.13.). [한상기]교육의 리눅스 '에드엑스'.

에듀동아 (2017.5.24.). 대학생을 위한 K-MOOC? 고등학생도 활용할 수 있다

이병현. (2017). 미국 MOOC 최근 운영동향을 통해 본 MOOC 역할과 K-MOOC 운영에 대한 시사점. 교육정보미디어연구. 23(2), 227-251.

조선일보 (2014.9.1.). [Smart Cloud] 몽골서도 MIT 강의 '접속'… 美 대학 절반이 사라진다

조선일보 (2017.7.28.). 온라인 강의 '무크'… 공부에 취업까지 '1석2조'

중앙일보 (2018.12.13.). 산골학교에 첨단 IT교육, 게임하듯 즐거운 교실 아이들…수학성적도 쑥쑥

최경애. (2016). 고등평생학습체제로서의 K-MOOC 활성화를 위한 과제. 평생학습사회. 12(2), 1-24.

최진숙. (2014). 온라인 교육문화혁명 : MOOC. 글로벌문화콘텐츠. 14, 179-198.

충남일보 (2017.1.2.). 세종과학예술영재고등학교 칸 아카데미 번역 봉사 실시

한겨레 (2016.9.27.). 뻔한 인강 말고 내 맘대로 '열린 강의' 골라 들어요

한국경제매거진 (2017.2.22.). '무크(MOOC)' 교육 혁명인가, 한때의 유행인가

한국일보 (2015.7.4.). 세계 석학들 강좌 듣고 영어 공부도… 대규모 온라인 공개수업 '무크' 인기

EBSNEWS (2015.4.10). 〈뉴스G〉 공짜로 가는 대학 '무크' 시대 열린다

EBSNEWS (2015.9.28). 〈무크 기획보도 1편〉 무크란 무엇인가.

Goerie.com (2019.1.5.). Iroquois High senior scores perfect 1600 on SAT.

NewYork Times. (2012.11.04.) ."The Year of the MOOC"

U'sline (2013.1.24.). 美 대학, 무료 온라인강좌 학점 취득제 도입

현대의 Z세대 아이들은 SNS를 통해 자신의 일상을 항상 공유하고 싶어 한다.
이러한 아이들에게 여전히 과거의 방식으로 공부를 하게 한다면
미래사회를 살아가는 데 뒤처질 것은 분명하다.

교육은 비어 있는 머리를 열려 있는 머리로 바꾸는 것이다.

_ 말콤 포브스

지식의 중요성을 강조했던 미래학자 앨빈 토플러Alvin Toffler는
"21세기의 문맹은 글을 읽고 쓸 줄 모르는 사람이 아니라, 배우고, 배운 것을
일부러 잊고, 새로 배우는 것을 할 줄 모르는 사람"이라고 말했다.

교육은 알지 못하는 바를 알도록 가르치는 것을 의미하는 것이 아니라,
사람들이 행동하지 않을 때 행동하도록 가르치는 것을 의미한다.

_ 마크 트웨인

미래교육은 지식을 전달하고 암기하는 방식의 교육이 아니라
삶의 지혜와 지식을 관통하는 통찰력을 길러주고, 또한 사회적 존재로서의
협동심, 소통, 공감 능력을 길러주는 교육이 되어야 한다.

교육은 그대의 머릿속에 씨앗을 심어주는 것이 아니라
그대의 씨앗들이 자라나게 해준다.

_ 칼릴 지브란